This is

Dalí

Catherine Ingram

Illustrations by Andrew Rae

图书在版编目（CIP）数据

这就是达利 /（英）凯瑟琳·英格拉姆著；（英）安德鲁·雷插图；程文欢译.
—北京：北京联合出版公司，2017.2（2019.1重印）
ISBN 978-7-5502-9485-1

Ⅰ.①这… Ⅱ.①凯…②安…③程… Ⅲ.①达利（Dalí，Salvador 1904—1989）—生平
事迹 Ⅳ.①K835.515.72

中国版本图书馆CIP数据核字（2016）第316743号

书名原文: This is Dalí

Text © 2014 Catherine Ingram. Catherine Ingram has asserted her right under the Copyright, Designs, and Patents
Act1988, to be identified as the Author of this Work.
Illustrations © 2014 Andrew Rae
Series editor: Catherine Ingram
Translation © 2016 Ginkgo (Beijing) Book Co.,Ltd
This book was produced in 2014 by Laurence King Publishing Ltd., London. This Translation is published by
arrangement with Laurence King Publishing Ltd. for sale / distribution in The Mainland (part) of the People's
Republic of China (excluding the territories of Hong Kong SAR, Macau SAR, and Taiwan Province) only and
not for export therefrom.

本书中文简体版权归属于银杏树下(北京) 图书有限责任公司。

这就是达利

著　　者：〔英〕凯瑟琳·英格拉姆
插　　图：〔英〕安德鲁·雷
译　　者：程文欢
选题策划：后浪出版公司
出版统筹：吴兴元
编辑统筹：蒋天飞
责任编辑：管　文
特约编辑：张丽捷
营销推广：ONEBOOK
装帧制造：墨白空间·陈威伸

北京联合出版公司出版
（北京市西城区德外大街83号楼9层　100088）
北京盛通印刷股份有限公司印刷　新华书店经销
字数80千字　720毫米×1030毫米　1/16　5印张　插页8
2017年3月第1版　2019年1月第2次印刷
ISBN 978-7-5502-9485-1

定价：60.00 元

后浪

这就是达利

［英］凯瑟琳·英格拉姆——著

［英］安德鲁·雷——插图

程文欢——译

北京联合出版公司

Beijing United Publishing Co.,Ltd.

达利和画家乔治·马蒂厄（Georges Mathieu），以及他们在巴黎博览会上
展示的一条长达12米的法式长棍面包，1958年5月13日

萨尔瓦多·达利是世界上最受追捧的艺术家之一，因其奢华的生活方式、上翘的胡须和奇异的艺术而闻名于世。达利和一队面包师将一条12米长的法式长棍面包扛在肩上，以此来戏讽抬棺人。作为队伍的领头人，达利神情庄严肃穆，但在他身后，有一位面包师忍不住露出了笑意。这个场面很滑稽：一条超长的法式面包，一位过于严肃的艺术家，一根特大的腋杖。这正是达利式超现实主义的精髓，让寻常之物变得不同寻常。

达利自视为"文艺复兴大师"——一位伟大的油画家——然而他也炸开了纯艺术（fine art）井然有序的准则。人们被他征服。摄影师乔治·布拉塞（George Brassaï）"喜欢达利总是领先其想法一步的滑稽幽默，喜欢他的费解，他的严肃，他天马行空的想象，喜欢他大脑运转的方式……有时候也喜欢他的绘画作品"。

达利的商业项目拓展了艺术的范围，但在当时，艺术界人士对他嗤之以鼻。达利毫不在意。他热爱金钱，而且依靠"达利现象"赚了数百万美元。他的自大狂漫无边界。"每天早上我醒来，我都会经历一次极大的狂喜：成为萨尔瓦多·达利的狂喜，我惊讶不已地问我自己，这个萨尔瓦多·达利，今天将要做出什么非凡的事呢？"

家庭生活

　　萨尔瓦多·达利·多梅内克（Salvador Dalí Domènech）出生于1904年5月11日，是费莉帕·多梅内克·费里斯（Felipa Domènech Ferrés）和萨尔瓦多·达利·库西（Salvador Dalí Cusí）的儿子。他有一个妹妹，名为安娜·玛利亚（Ana María）。达利的哥哥快两岁时死于急性肠胃炎，父母把夭折的儿子的名字给了达利。萨尔瓦多·库西是一位成功的律师和公证员，家境富裕。达利10岁之前，一家人住在西班牙东北部菲格雷斯的蒙图里奥尔街6号。据达利回忆，他是家里的小皇帝："我可以做任何我高兴做的事。直到8岁我还尿床，纯粹是为了取乐。我是家里绝对的君主。什么都比不上我。我的父母都崇拜我。"达利备受宠爱，他的各种任性要求都得到纵容。每天他一醒来，他的母亲便会问他："宝贝儿，你想做什么呢？宝贝儿，你想要什么呀？"

学童记忆

①下文简称《秘密生活》。

达利4岁时，他的父亲将他送去了市立小学。学校里的大部分孩子都很穷，而达利穿得像个小王子，如此与众不同使他总是被欺负。那时他可能过得极不开心，但是后来，他在自传《萨尔瓦多·达利的秘密生活》（*The Secret Life of Salvador Dalí* ①）中，将那时的孤立和孤单视为他特有的优越感的标志。他的启蒙老师埃斯特万·特莱特尔（Esteban Trayter）是一个"古怪的人物"，他有一双水晶蓝的眼睛，胡子编成对称的小辫一直垂到他的膝盖。他洗劫老教堂，将他所获的珍宝带到学校并在课堂上展示。达利被特莱特尔的艺术收藏迷住了，尤其是一张画着一位裹着裘皮的俄国女孩的图片，他认为那是他未来的妻子加拉的肖像。

两年后，达利的功课退步了：他甚至忘记了母亲在家教过他的字母表。他的父亲怒而将他转至一所讲法语的学校，学校位于菲格雷斯郊区的荒野。达利比之前更加困惑了，因为所有的课程都用法语讲授。他整天望着教室窗外的柏树做着白日梦，那些树看起来"暗红如……浸在葡萄酒中"。在家时，他更加想入非非。他躺在床上，盯着卧室天花板上棕褐色受潮的水渍，一看就是好几个小时，想象着那些水渍变幻成人形。

编故事的人

达利来自一个擅长讲故事的家族，他们美化他们的过去来给人留下深刻的印象。达利的父亲告诉别人，他的父亲是一位医生，但事实上他的父亲以制作软木塞为生。达利的祖父跳楼自杀，这则家族故事变成了他因脑损伤而悲惨地死去。遵循家族传统，达利创造了关于他自己的神话：在其自传《秘密生活》中，他改写了他的童年，给了它与天才画家相称的性格特点——好奇心重和阴郁气质。

渴望权力

对哥哥的记忆困扰着达利——他是第二个萨尔瓦多。当他还是个孩子时，他的父母将他带到哥哥的墓前，告诉他他是哥哥的转世。他在哥哥的阴影下长大，就像他所说的："我和我哥哥就像是两滴水那样彼此相似，但是我们映照出不同的影像。他跟我一样有着确定无疑的天才面孔。他表现出一种令人不安的早慧，但是他的目光笼罩着那种无法逾越的智慧所特有的忧郁。我则不同，我的才智不及他，但我映照出了一切。"

达利变得沉迷于权力。在他的《秘密生活》里，他描述（也许是编造）了他小时候的一些事件，反映出他的强势甚至是残忍：如他踢蹭自己的姐姐，将一个小孩猛推下桥。他的残酷野心日益增长，其暴虐专制持续了一生，到了晚年，他随身带着一串铃铛并且时常摇铃——"否则我怎么知道别人是否注意到了我呢？"

当达利还是个小孩时，他觉得自己有权享有一切。他的妹妹描述道："收礼物是达利一生的嗜好之一，但他通常避免送礼物。"在极少数情况下，他突如其来的要求没有得到满足，比如他看到商店橱窗里挂着一串串糖果，但商店已经歇业因而不可能买到的时候，他就要大发雷霆。达利怒气冲天，而且无法抚慰。费莉帕总是纵容儿子，而不是提出异议。这个小皇帝学会了统治和征服。

安宁的时刻

达利家中也有一些平静的时候。萨尔瓦多·库西对音乐感兴趣，收集了一些萨尔达纳民间曲调。他和邻居们组织社交晚会。孩子们被允许熬夜，他们都会在晚会上跳舞。达利一家在克雷乌斯海岬的海岸边度过了长长的假期。第一次去时，他们住在朋友那里，之后他们在卡达克斯附近的海边买了一幢房子。达利在那里过得非常开心，他在学校里写道："这些天我除了思念卡达克斯之外没有想任何事情。每天我都开心地研究我的日历，看还剩多少天可以再去。"达利一生中在世界上很多不同的城市居住过，但是克雷乌斯海岬始终是他的天堂。他回顾道："只有在这里我才是到家了。别的地方我都像是在外出野营。"

比利牛斯山

龟形石

驼形石

达纽斯

达利的家

在达利的父亲将达利驱逐出卡达克斯之后，达利和他的妻子加拉生活在利加特港。

利加特港

卡达克斯

达利一家的度假屋

艾斯雅奈尔海滩

走私犯们将他们的珍宝藏在本地小海湾里。

加拉的城堡

橄榄树成排地种植，围成几道干石板墙。

普博尔

艾斯索尔特海滩

卡拉南斯灯塔

耐寒植物，如地中海白松和多刺金雀花，遍布在半岛上。

克雷乌斯海岬

特拉蒙塔纳风持续数周，风速可达100公里每小时。据说，这风让当地人抓狂。

巨石巍然从海底冒出来。

鹰形石

渔夫们划船载着达利在巨石周围转悠。

皮乔特一家，是达利一家人的朋友，他们在艾斯索尔特海滩拥有一幢房子。

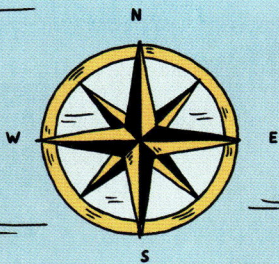

卡达克斯和克雷乌斯海岬半岛

达利一家在卡达克斯有一处度假屋。房子正对着海滩，年轻的达利曾在海滩上漫游多时。达利对克雷乌斯海岬半岛多姿多彩的地貌有着深厚的感情：它那未经开垦的红土地、粗野的植被和有着奇异人形的巨岩。达利在卡达克斯的海滩上遇到了他未来的妻子加拉。1929年，他被他的父亲驱逐出了村庄。达利和加拉搬到不远处的利加特港，并在那里生活了五十多年。他们将五个简陋的渔夫的小屋设计成了惊人的超现实主义住所。1969年，达利在普博尔为加拉买了专属城堡。

变形的现实

卡达克斯海岸的巨岩常年经受特拉蒙塔纳风和海水的侵蚀，形成了自然的、拟人化的奇特地貌，它们是当地民间传说的一部分。达利"对每一块岩石的外形熟记于心"。这些巨岩是达利的"视觉词典"，他在他的绘画里复现了它们质地不平的表面和奇特的外形。对达利来说，这些巨岩的突出特征是它们的外表能够通过变形形成新的形式，他描述道："我们随着小船缓慢地向前移动……所有的这些形象都在起变化……巨岩顶端变圆了，它看起来酷似女人的乳房……"之后，达利将在他的绘画和电影里探索展示事物变形的不同方式。

陌生人的慰藉

在达利的时代，通往卡达克斯的交通不便。这个与世隔绝的村庄有着一种粗砺的魅力。那些未经装饰的白色建筑物像儿童积木一样叠列在一起，而鱼骨则被用来铺路。日常生活是质朴的：要从井里打水，由于很少能正常供电，当地人靠烛光来照明。达利任由自己受惠于陌生人。渔人们对他很友好，划船带着他在巨岩间游荡。达利和村里的走私犯（他将自己的小屋给达利用作工作室）以及"当地女巫"莉迪亚·诺格尔（Lidia Nogueres）成了朋友。后来，在他的《秘密生活》里，达利颂扬了莉迪亚的野蛮行为："［她］坐在地板上……麻利地将剪刀捅进鸡脖子，提着它血流不止的头，让血滴进一个深釉赤陶容器里。"按照达利的说法，他后来以莉迪亚偏执的精神状态为基础发展了他的"偏执狂批判方法"（paranoiac-critical method）。这些在卡达克斯形成的人际交往模式奠定了达利终生的交友模式。有强烈个性的人吸引着达利，他的朋友卡洛斯·洛萨诺（Carlos Lozano）后来回忆道："达利常常公然暴怒。"这个小皇帝想要被娱乐。他说："你到这儿来是为了给予和接受快乐。你必须告诉我一些有趣的事儿。我处于一种永恒的智力亢奋状态……像培育一株植物那样培育一个故事，照料它，养育它。"

盥洗室工作室

　　1912年7月，达利一家搬去了蒙匿里奥尔街的另一处公寓楼。这座公寓楼顶有一个天台；小皇帝达利喜爱这个制高点，他说："远至罗斯海湾（the Bay of Roses）的全景，似乎都臣服于我，都取决于我的目光……"达利说服了他的母亲，允许他使用屋顶的洗衣间作为艺术工作室。他的工作室很小，但是达利富有创意。他坐在废弃的水槽里作画；夏季来临，当天气变得太热时，他就在槽里放水，直到腰部。他还将一个旧搓衣板改造成画架，在从他姑妈的女帽店得来的帽盒上画画。

视觉头脑

在达利的工作室里，他收藏了"高万艺术丛书"（Gowan's art books），那是他的父亲为他挑选的。这套书不同寻常：几乎没有任何文字，每一卷用60幅黑白插图介绍一位艺术大师的视觉故事。对达利来说，那些图片就跟真的一样。后来达利仍记得安格尔卷，"爱上"了《泉》（The Fountain）所描绘的裸女。他说得好像自己住在画中一样。他曾在其他时候回忆过这个系列："我坚信我曾在华托（Watteau）所画的林荫空地上做过野餐，也曾走过提香（Titian）笔下的一处风景。"

达利在一个视觉革命的时代长大，这个时代见证了电影艺术和新闻摄影的诞生。达利痴迷于这些新技术。他的启蒙老师埃斯特万有一套立体幻灯机，他允许达利和其他孩子使用它们。达利对这些幻灯机十分着迷，它们能投射出一些神秘的、带有三维质感的图像。

达利出生的那一年，菲格雷斯有了第一家电影院。达利每周六早上都被带去看新发行的影片，这让他很快乐。很多历史学家说，早期的电影院里的观众常常感到恐慌甚至发出尖叫。影片通常没有故事情节。它们和世纪之交的露天市场奇观有某种渊源，播放一些不可思议、最终使观众瞠目结舌的"笑话"。电影制作人以一张"静止"的图片开始，然后以某种方式使之发生变化——例如，一辆静止的火车开始发动，继而喷着浓烟冲向观众。

像许多人一样，达利被电影征服了。他的母亲买了一架手持投影机，并在家里的墙上投映短片。早期电影的语言与达利的艺术语言是密切相关的。他喜欢让观众震惊，也对展现事物的变化过程十分感兴趣。达利关注着电影和摄影的最新发展，并在他的艺术里仿制了电影效果。

早熟的天资

达利很小的时候就显示出艺术天分。1916年6月，年仅12岁的达利去家族朋友皮乔特家做客。这成了一次印象主义式的经历。皮乔特家的庄园——带有麦田和橄榄树果园——看起来像是印象派的场景，而拉蒙·皮乔特（Ramon Pichot）是一位成功的印象主义画家，他向达利介绍了印象主义的绘画技巧。达利受到了这种大胆的用色和生硬的笔触的冲击，他写道："用这种混杂和无形式的涂抹去作画，我目不暇接，无法看够所有我想要看到的东西……它就像是一滴被误咽下去的阿马尼亚克酒，在我的咽喉深处灼烧。"达利扮演着魔法师，在地里穿行，用一个玻璃瓶塞四处看，由此看到了一些印象主义艺术式的碎片化幻象。从皮乔特那里回来之后，他画了《帕尼山下的卡达克斯风景》。这是一幅典型的印象主义绘画：标志性的用色笔触记录了光影效果。然而，印象主义在达利那里是一场短暂的实验。达利对这种田园般的农业场景没有认同感，他更喜欢戏剧化的、不可思议的卡达克斯风景。

拉蒙·皮乔特建议达利的父亲，送达利去菲格雷斯市立绘画学校学习。艺术教师胡安·鲁涅兹（Juan Núñez）注意到了达利的天赋，帮助达利完善他的艺术技法。达利将鲁涅兹奉为他成为艺术家的道路上最重要的导师。第一年学业结束时，达利获得了优秀证书。为此荣誉，他的父亲在菲格雷斯的家中为达利举办了一个小型展览。

马德里圣费尔南多艺术学院时期，1922—1926

1921年，达利的母亲死于子宫癌。达利说，母亲的去世使得他更加下定决心要成功："我发誓……早晚有一天，我光荣的名字会熠熠生辉，我要用这光辉的利剑，把我的母亲从死亡和命运的魔掌中拯救出来"。第二年，达利离开家进入马德里圣费尔南多艺术学院学习。艺术学院让达利很失望，他"立即明白了那些被荣誉和奖章包裹的老教授们不能教给我任何东西"。他的教授们追随法国印象派，而达利早已放弃了印象派。这个小皇帝直言不讳：1923年，他因质疑一位新老师的资质而被停学，三年后他被开除了，因为他说他的老师们没资格评判他的作品。尽管如此，整体而言，在马德里的生活是一个有益的经历。达利受到普拉多博物馆馆藏艺术（尤其是委拉斯开兹的作品）的启发，不过真正影响他的是在"Resi"（大学生公寓）的社交生活。

达利的蜕变

"大学生公寓"①是由阿尔维托·希梅内斯·弗劳德（Alberto Jiménez Fraud）经营的。他效仿牛津和剑桥的体系，营造了一种令人振奋的校园氛围，邀请当时伟大的思想家（如艾尔伯特·爱因斯坦）来讲学，图书馆里藏有最新的理论著作。西格蒙德·弗洛伊德（Sigmund Freud）的作品才刚被翻译成西班牙文，达利和他的朋友们就详细地阅读和讨论它们。达利学生时代阅读过的弗洛伊德的《梦的解析》有大量的画线标注和注释。后来他说那本书"就像是我生命中的主要发现之一"。几年之后，达利在他的艺术作品中探索了弗洛伊德的理论。

达利在"大学生公寓"找到了志趣相投的人。他加入了一个艺术小组，其成员包括导演路易·布努埃尔（Luis Buñuel）和诗人费德里科·加西亚·洛尔迦（Federico García Lorca）。他们之间的关系并不融洽，因为滋生了许多嫉妒和竞争。起初，这个小皇帝对小组的领头人颇为不满："我知道洛尔迦将会像一颗疯狂燃烧的钻石一样闪闪发光。突然我逃之夭夭，一躲就是三天三夜。"

洛尔迦和达利迷恋着彼此。洛尔迦在诗中盛赞"声音如绿橄榄的萨尔瓦多·达利啊"，而达利将洛尔迦画成圣人圣塞巴斯蒂安的样子。他们共同发展了关于艺术的理论。艺术史家玛丽·安·考斯（Mary Ann Caws）认为，"在达利阐述自己艺术的文章中，内容最丰富的某些篇什都是写给洛尔迦的。"抛开这种夸张的说法，达利与洛尔迦交往密切。艺术家更温暖、更诗意的一面显现出来："我对青草、扎进手掌的棘刺、对着阳光的透过红色的耳朵都怀有爱意。"洛尔迦曾试图引诱达利，但是据达利说，没有发生什么特别的事。达利的母亲是一位虔诚的天主教徒，而同性恋是不合法的——也许达利害怕了。在达利遇到他未来的妻子时，他和洛尔迦之间的关系几乎结束了。达利一向注重保护他的性取向；在之后的岁月里，他也和他的男缪斯们调情，玩偷窥。

达利的新朋友们都是花花公子，他们因奢华的生活方式和光鲜的穿着而出名。达利初来艺术学校时，扮演着浪漫艺术家的角色。他一身黑色，抹白皮肤，染黑头发，用黑炭笔涂眼影。但这个小皇帝看到了花花公子形象的潜力，所以他决定："明天我要像其他人那样打扮。"达利认为如果他的举止像贵族，那么他将受到贵族般的礼遇。这看起来很有效。作为一个学生，他在马德里最豪华的饭店用餐，他铺张的生活方式由他的朋友、家人和艺术品藏家来埋单。达利酷爱金钱、名声，这将惹恼艺术界。

① "大学生公寓"实际上是一个文教研究机构，一个学术交流站，不仅仅是学生宿舍。这个机构创立于1910年，目的是成为西班牙高等教育的一种补充。大学生公寓是两次世界大战之间欧洲最有活力的文艺和学术中心之一。

……他去理发店剪
掉了长头发……

……他挑选了一套昂贵的粗花
呢西装……

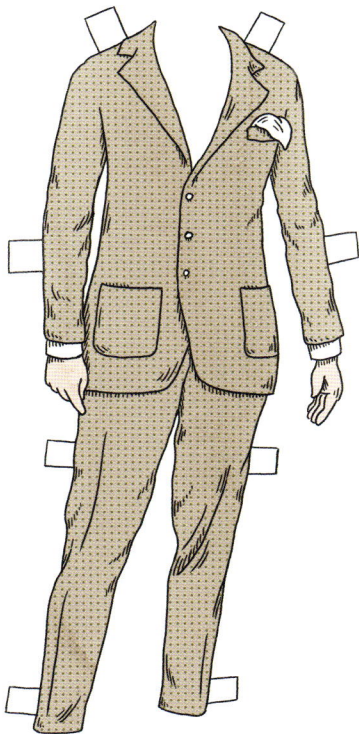

……他买了一件蓝
色真丝衬衫……

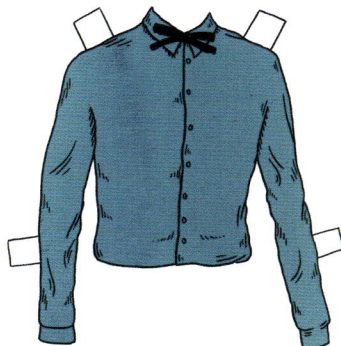

……最好的蓝
宝石袖扣……

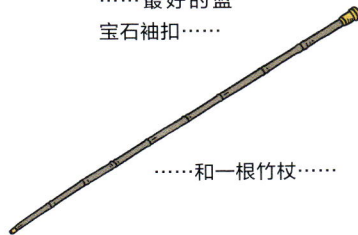

……和一根竹杖……

后来他涂发油来保持
光滑的发型……

VARNISH

……给胡须上蜡以形
成标志性的卷曲。

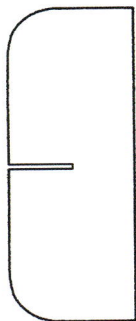

19

达利的艺术，1922—1926

据诗人何塞·莫雷诺·比利亚（José Moreno Villa）说，达利在艺术学校期间"显然打着两手牌，打着'传统牌'的同时又打着肆无忌惮的牌"。达利走向了欧洲先锋派风格。继印象主义之后，他尝试了新印象主义、未来主义和立体主义。他在展览上参展的作品常常被批评为是一种混杂风格的怪异组合。

一种更加独特的景象出现在他妹妹安娜·玛利亚的私人肖像上。在《窗边人物》一画中，达利展示了他妹妹从窗户眺望卡达克斯海景的场景。灰色与蓝色的和谐，使这件作品有着一种古典的朴素。每一个元素都被细心地平衡着：海岸线回应着玻璃窗的水平线，而消失点则被地板和窗户板条凸显出来。

这个精心安排的宇宙里有一种"让人着迷的现实主义"。达利用令人震惊的精确记录下每一个元素，从他妹妹的头发、衣服上的褶皱，到反射映照在玻璃窗上的房子。他对每一处细节的注意创造了一种冷酷的、超级写实（hyper-real）的效果。1926年，达利开始将关注点转移到家庭之外，再次关注卡达克斯的风景，用同样的硬边自然主义（hard-edged naturalism）再现它。

达利在达尔莫画廊（the Sala Dalmau）举行了首次个展，毕加索在这次个展上见到了下页那幅肖像作品，他非常喜欢它。毕加索将达利介绍给他的朋友们，即艺术经纪人保罗·罗森伯格（Paul Rosenberg）和皮耶·洛布（Pierre Loeb），而洛布还专程去西班牙看达利最新的作品。洛布没有看上任何东西，但毕加索仍然是达利的忠实支持者。达利搬去巴黎时，毕加索又一次试图帮助他，这次他将达利介绍给他的赞助人格特鲁德·斯泰因（Gertrude Stein），但这次会面也是一无所获。日子一长，毕加索也变得更加谨慎，他与这位显赫的超现实主义艺术家也疏远了。

窗边人物

萨尔瓦多·达利, 1925

硬纸板板面油画（夹布胶木板）

105厘米×74.5厘米

索菲亚王后国家艺术中心博物馆, 马德里

岩石上的女人

萨尔瓦多·达利, 1926

橄榄木板面油画
26厘米×40厘米
私人收藏

寻常事物中的非同寻常

20世纪20年代中期，达利开始书写与艺术相关的东西。他的散文发展了他和洛尔迦讨论过的想法。他拒绝那种美化或理想化艺术的倾向，并谴责表现性艺术（expressive art）；他和洛尔迦用"腐烂的"这个带有贬义的词来描述关注情感和情绪的艺术。在将情绪、美排除出艺术之后，达利为一种有力的、客观的艺术设置了参数。在一封家信中，达利写道："我正在创造一种全新的方式，它完全是自然的……能够捕捉……事物之外的东西"。达利对细节的关注，受到了一位卡达克斯渔夫的欣赏，他称赞达利的作品呈现出了大海，"因为人们可以在他的作品中数清海浪的数目"。达利甚至在一篇名为《微小事物之歌》（*Poem of Little Things*）的作品中称赞这种隐含的执念，在这首诗中他连续重复了十二次"小玩意"。

《岩石上的女人》是一件地质学杰作。所有事物的肌理和物质性都被传达了出来：岩石看起来坚硬、险峻、结晶化，而峭壁似乎唐突地融进了海里，正如达利描述克雷鲁斯的陆岬，是"比利牛斯山以一种浮夸的、地质学的精神错乱冲进大海的地方"。

达利的自然主义多少挥之不去。正常的感知是有梯度层次的，达利"延伸"的凝视使得该领域的深度变小了。正如他所说的，他用"最清澈的、不带睫毛的眼睛的麻木目光"去观察世界。在这幅画里，和他妹妹的肖像一样，达利精细的转录是不同寻常的。每一个"小事物"都备受关注，我们看到的世界被强化了。岩石的表面隐约地呈现出起伏的格局。这幅画揭示了卡达克斯地区"妙不可言"之美。

裸体女人

但那个裸体女人又怎样呢？那个白皙的裸体似乎与卡达克斯险峻的悬崖峭壁格格不入。那是一个古典的形象，她应该属于克劳德·洛兰（Claude Lorrain）的画或是提香田园牧歌式的风景。这里我们有必要回顾一下，小时候的达利钻研过"高万艺术丛书"，想象过自己和这样的虚构人物进行野餐。对他来说，这些人物就和卡达克斯的岩石一样真实。

达利在巴黎

　　1926年4月，达利旅行至"艺术之都"巴黎。他考察了卢浮宫，研究了大师们的作品。先锋派艺坛让他感到兴奋。他拜访了毕加索，毕加索给他展示了自己的艺术，并向这个年轻人谈论自己的作品。1926年至1927年，达利探索了立体主义的艺术语言，画了一些立体主义主题（静物和肖像），将之呈现在扁平的、立体主义式的平面上。

　　达利也与一些超现实主义成员会过面，包括该运动的领导者安德烈·布勒东（André Breton）。那些年，达利与超现实主义者之间的关系波折迭出，但是他们在思想上有着重要的交叉。和达利一样，超现实主义者对"不同寻常"感兴趣；布勒东寻找一种"非凡的美"。达利对超现实主义绘画的"强化"印象深刻，如马克思·恩斯特（Max Ernst）和伊夫·唐基（Yves Tanguy）的梦中风景，乔治·德·契里科（Giorgio de Chirico）那些带有若隐若现的影子、打开的大门和拉长的视角的氛围绘画。

《一条街上的神秘与忧郁》
乔治·德·契里科

布面油画
87.1厘米×71.4厘米
私人收藏

涉足超现实主义，1927—1928

　　1927年至1928年间，达利与超现实主义者之间保持着距离。超现实主义在早期关注无意识思考的意识流。在他们出版于1924年的超现实主义第一宣言里，安德烈·布勒东将超现实主义定义为"纯粹的精神自动主义，企图运用这种自动主义，以口语或文字或其他任何方式去表达真正的思想过程。它是思想的笔录，不受理性的任何控制，不依赖于任何美学或道德的偏见"。

　　超现实主义者发展了"自动"绘画的技术，艺术家们任凭他们的笔漫无目的地游走，让无意识过程自动展开。安德烈·马松的《自动绘画》是一个典型的例子——成网状的线条记录下了无意识的流动，少许朦胧的图像在凌乱的涂鸦中若隐若现。达利短暂地尝试过这种方法，但是他很快就摒弃了它，也摒弃了超现实主义者"对'隐晦的潜意识过程'的关注"。他对超现实感兴趣，并认为它可以在"纯粹的、透明的客观性"中找到。

自动绘画

安德烈·马松, 1924

纸上笔墨
23.5厘米×20.6厘米
纽约现代艺术博物馆, 匿名赠送

摄影

从20世纪20年代中期开始，达利便预见了"小摄像机的直白客观性"。对达利来说，胶片的优势在于它是对现实的直接复印，用惊人的"精确"来传达事物的面貌。达利对摄影和电影语言十分敏感，并在他的艺术中仿制了这种技术效果。在《徒劳的努力》一画中，他使用了封闭的镜头：人体展示出精微的细节——躯干裸露着不雅的褶皱，皮肤上竖着卷曲的毛发。

在他的短论《摄影，思想的纯粹创造》（*Photography, Pure Creation of the Mind*）中，达利指出摄影的诗意，以及事实上它怎样回应布勒东在艺术中召唤"非凡"。他描述了"细读"和"一个小小的尺寸变化［会引起］不寻常的相似和意想不到的类比"。他在另一篇文章里用一幅照片阐明了这一观点，这张照片来自拉斯洛·莫霍依-纳吉（László Moholy-Nagy）的一本书，拍摄的是一只秃鹫眼睛。照片让人难以置信，它有着好几层共存的世界：秃鹫的皱巴巴的皮肤像是一个洞窟地貌，动物黑色的瞳孔中反射的是一个戴着帽子的男人，这个人身后是一片树丛。

就像映射在秃鹫眼中的多重世界一样，《徒劳的努力》是多重不同现实的"非凡"并置，尽管要诡秘得多。这个由支离破碎的躯干、被割去的头、腐烂的动物和血池组成的综合体，暗示着一种紊乱的、偏执的精神状态。

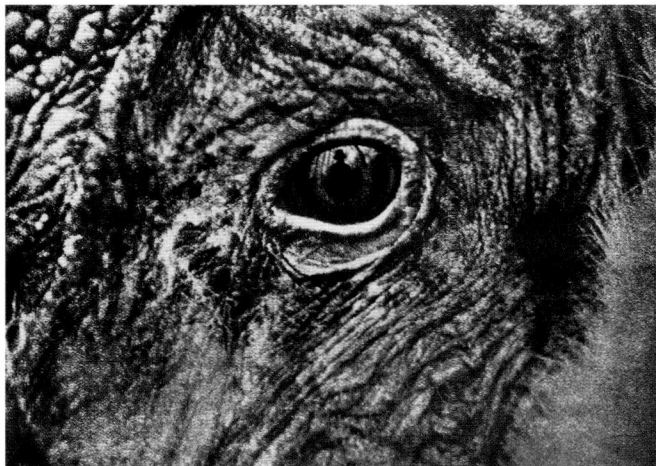

一只秃鹫的眼睛

引自《绘画，摄影和电影》，1925

拉斯洛·莫霍依-纳吉著

徒劳的努力

萨尔瓦多·达利, 1927 /1928

胶合板, 板面油画

64厘米×48厘米

索菲亚王后国家艺术中心博物馆, 马德里

《蜜比血甜》

尽管还是对超现实主义持警惕态度，但达利越来越借鉴他们的各种方法。他开始探索超现实主义的一个中心主题：梦境。他的一幅《蜜比血甜》习作，让我们进入了一个梦。万事万物都在沉睡。身体弯着睡着了，被切断的头上双眼紧闭。当身体休憩时，"思维"——想象和梦境的中枢——色彩明丽，充满活力。梦中思绪呈现为零散的图像，如腐烂的驴子、成群的蚂蚁。达利试图展示存在的多重状态：空中的乳房看起来也像一眨一眨的眼睛。不过，这种类比缺少秃鹫之眼的那种对比度。

这种布局与伊夫·唐基高深莫测的风景画很相似，达利曾于前一年在巴黎见过唐基的作品。和唐基一样，达利使用了一条锋利的地平线，将天空与不规则的景观划分开来，一系列奇怪的生物形态和几何形式投下怪诞阴影。

这种攻击型的能量让安德烈·布勒东感到不安。布勒东绞尽脑汁地想要达利加入超现实主义阵营，他出于礼貌蹑手蹑脚地、谨慎地反复观察达利绘画中那被斩首的头、鲜血和后来达利绘画中的排泄物污点。同时，达利开始源源不断地输出这类作品。1929年3月，他搬去巴黎与他的老同学路易·布努埃尔一同工作，拍摄了极其令人震惊的电影：《一条安达鲁狗》（*Un Chien Andalou*）。

妈妈，爸爸受伤了！

伊夫·唐基，1927

布面油画
92.1厘米×73厘米
纽约现代艺术博物馆

电影中的超现实

　　达利和布努埃尔只花了几个月的时间就创作拍摄了《一条安达鲁狗》。这部电影是吓人的——蚂蚁从一个男人手心的洞里爬出，一头腐烂的驴子横躺在钢琴上——但是它的开场场景确实震撼人心。影片的开头，一个男人若有所思看着白色的月亮。月亮的白光变成了一个年轻女人的眼白，这个男人冷静地在女人睁开的眼睛上割开一条裂缝。为了营造效果，达利和布努埃尔使用了快速蒙太奇。他们首先找了一只死去的动物的眼睛，拍摄睁眼割缝、体液突然流出来的场景，然后将其叠加到男人握住的睁开的女人的眼睛的画面上。即使你知道这个伎俩，依然会感到本能的恐惧。出于对观众反应的担心，布努埃尔参加首映时口袋里装着石头，以防观众的骚乱。

超现实主义者的战场：鲜血、粪便、腐烂物

　　拍摄完《一条安达鲁狗》之后，接下来的五年，达利大部分时间都在巴黎度过。他蔑视这座城市的"自我惩罚的建筑"和快速的生活节奏，但是他意识到，为了开启他的事业、建立自己在欧洲先锋派中的地位，他必须留在巴黎。他很快就陷入了当时的先锋派论战，他发现自己处于先锋派内部的两个派别之间——布勒东的唯心主义和乔治·巴塔耶（Georges Bataille）残酷的唯物主义（brute materialism）。布勒东和巴塔耶长期争夺超现实主义运动的领导权，现在又为了抢占达利而斗争。

　　说巴塔耶比布勒东更了解达利是合适的。巴塔耶不需要小心翼翼地观看达利的"鲜血、粪便和腐烂物"。他欣赏达利作品中"令人恐惧的丑陋"。他们的思想中有很多重叠之处：和达利一样，巴塔耶认为现代生活已经失去了与具体现实之间的联系，失去了与基本物质性的联系。巴塔耶和同时代的思想家们一起创办了《文献》（Documents）杂志，而巴塔耶想要拉拢达利，使他们二者之间的观念能够自然而然地交流。这份杂志包括了"细察照片"——仔细观察一个趾尖（连同上面变形的趾甲和卷曲的毛发）、一张饱含唾液的嘴、一只死去的苍蝇——那些达利所欣赏的图像。关于色情、死亡和腐朽的问题贯穿着整本杂志，而这些问题都是达利下一件作品《早春的日子》的主题。

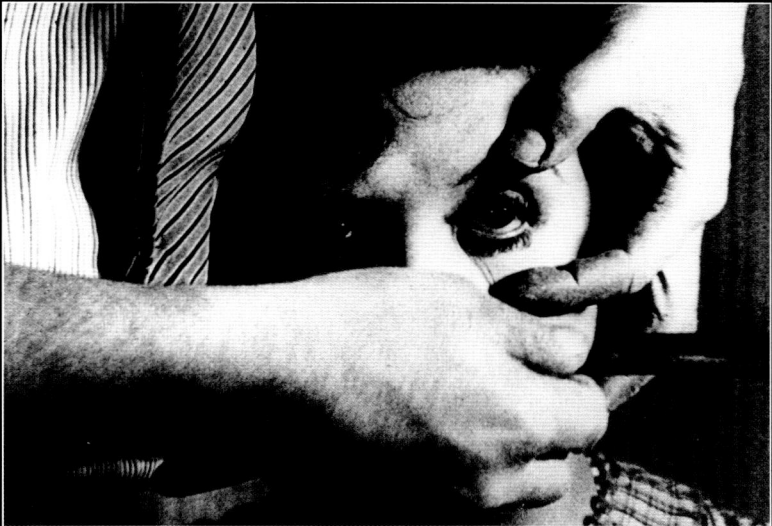

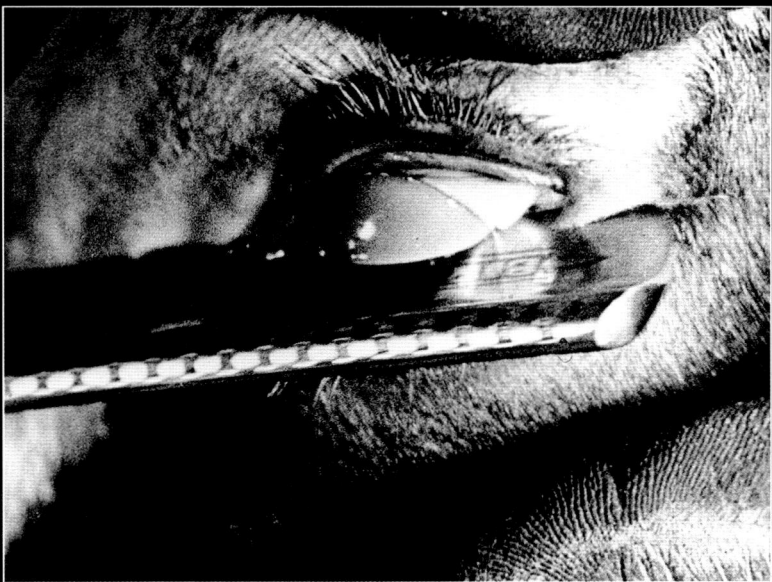

《一条安达鲁狗》剧照

萨尔瓦多·达利和路易·布努埃尔，1929

早春的日子

萨尔瓦多·达利，1929

板面油画、拼贴，49.5厘米×64厘米

《早春的日子》

达利的妹妹将《早春的日子》描述为"画布上的噩梦"。我们进入了另一个梦境,但这一次弗洛伊德的《梦的解析》装点了每一件事物——事实上,弗洛伊德本人也出现在了这幅画中,他被画成一个穿着棕色西装的老人。弗洛伊德认为梦可以揭示痛苦的童年经历,针对这一观念,达利用色彩明丽的符号将个人记忆进行了视觉化解读。

巨大的蝗虫趴在沉睡的脑袋上,反映出达利对昆虫的恐惧。这种恐怖症源于达利小时候的一次经历。在他的《秘密生活》里,他讲述了他曾拿着一条糟糕的、黏糊糊的鱼,惊讶地发现那条鱼的脸长得跟蝗虫的脸一样的经历。在学校,欺负他的学生将蝗虫塞到他的衬衫底下。画中蝗虫的钳子黏在人的嘴上和眼角上,达利将昆虫在他身上乱爬的那种糟糕透顶的感觉视觉化了。除了恐惧之外,还有一些关于达利过去经历的幸福图像:睡着的头颅像卡达克斯的巨岩。动物画像——小鹿和老鹰的头——被认为是来自他最喜欢的书的插图。圆乎乎的铅笔可能是他第一支蜡笔的形象。

达利对梦境的唤起是复杂巧妙的。他将生活中不属于彼此的事物摆放在一起,比如手指黏在了桶上。他展示了时间和空间怎样在梦中出现:达利以各种形象出现在画中,一个婴儿(路上的照片),牵着父亲手的男孩(在远处),一个男人(在前景)。他将儿时的恐惧与性欲联系在一起。在画面最左下边,一个男人靠着一个裸女陷入了幻想,而裸女的头显然带有性暗示。

达利展示着事物变化的状态,而群像则可作为一系列变化状态来阅读。以坐在特殊体形旁边的孩童的脸为例,我们能够解读出好几个阶段:叶脉般的分支(一个植物形态)成了一个沉睡的头,然后又变成了孩童的脸。事实上,这种投射并不真的有效,达利也深知这一点。《一条安达鲁狗》给他的启示是,影像比绘画更适合展示变化过程。

首先请不要伤害我，而我也绝不会伤害你。

达利后来写道：

"在一次克雷乌斯海岬岩间的短途旅行中，我坚决要求加拉爬上最危险的高峰，我们到达了了不起的高度。这些攀登明显地带有我个人的犯罪目的成分，尤其是当我们到达一个名叫'鹰石'的巨大粉红色花岗岩制高点时，这块岩石像没有张开翅膀的老鹰斜栖在一个峭壁上。在这个高度，我发明了一个游戏并让加拉参与，这个游戏是让巨大的花岗石石块滚落下去，我们看着它们冲向下面的岩石或者冲进大海。"

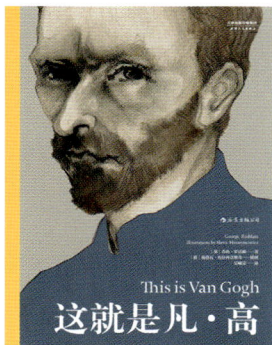

《这就是凡·高》

《这就是莫奈》

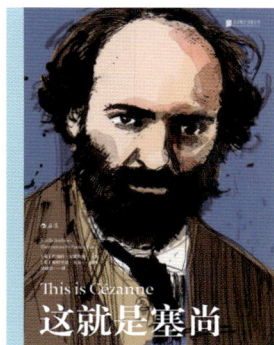

《这就是塞尚》

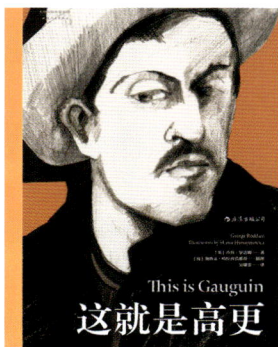

《这就是高更》

《这就是马蒂斯》

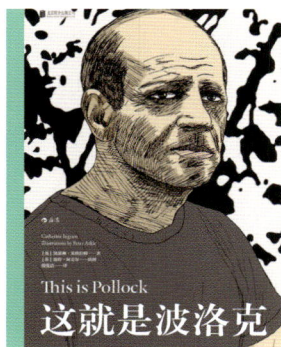

《这就是波洛克》

THIS IS...

适合各年龄层读者阅读的艺术启蒙经典
权威艺术史家联手知名插画师倾力编撰
设计独特、装帧精美，呈现最值得收藏的艺术丛书

❖ 本系列图书邀请多位世界知名插画家绘制插画，风格独特、妙趣横生，并和艺术家的作品相互呼应，轻松品读艺术家的传奇人生。

❖ 文字部分亦由相关领域的专家撰写，简明易读。作者围绕艺术家生平和创作的关键节点，生动解读这些天才人物的艺术魅力。

❖ 印制精美，采用独特的平切三边的精装方式，易于翻阅，无论是假日休闲还是旅途闲暇均可随手翻读，让艺术与您相伴。

『这就是……』系列

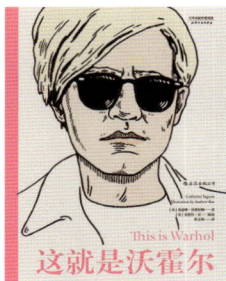

《这就是沃霍尔》

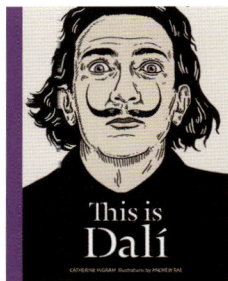

《这就是达利》

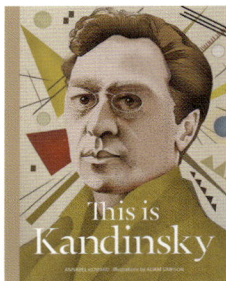

《这就是康定斯基》

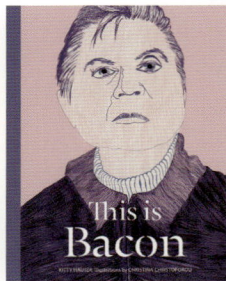

《这就是培根》

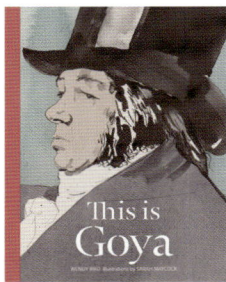

《这就是戈雅》

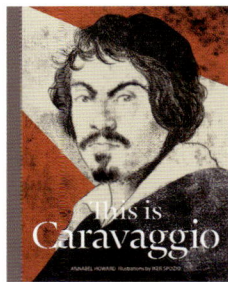

《这就是卡拉瓦乔》

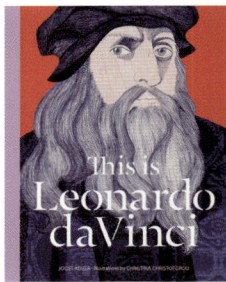

《这就是达·芬奇》

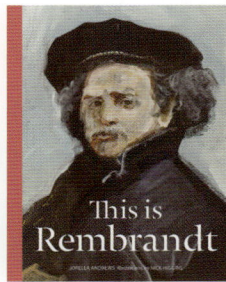

《这就是伦勃朗》

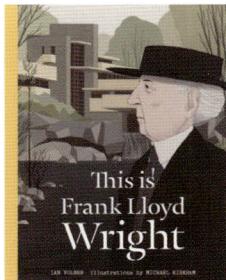

《这就是弗兰克·劳埃德·赖特》

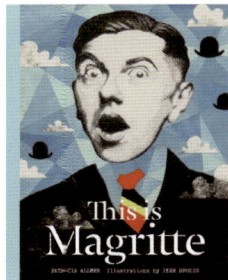

《这就是马格利特》

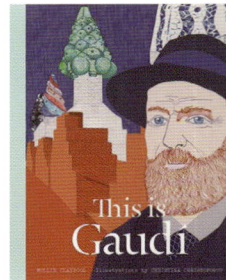

《这就是高迪》

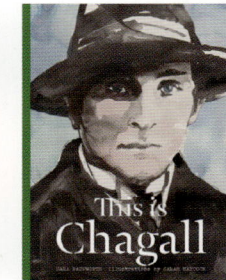

《这就是夏加尔》

定价：60.00 元 ／每册

页码：80 页／每册

装帧：精装

读者服务：reader@hinabook.com

投稿服务：onebook@hinabook.com

购书服务：buy@hinabook.com

后浪微信：hinabook

后浪出版咨询(北京)有限责任公司
POST WAVE PUBLISHING CONSULTING (BEIJING) CO.,LTD.
www.hinabook.com

小皇帝遇到了他的皇后

工作让达利筋疲力尽，他重返位于卡达克斯的家。法国诗人保罗·艾吕雅（Paul Eluard）和他的妻子加拉也来到了卡达克斯。达利立即被加拉征服了，而加拉，正如达利谦虚地叙述的，"她视我为天才"。他们之间的恋爱像一出超现实戏剧那样展开：第一次约会时，达利最初所选的服装极其怪诞——一件有裂缝的真丝衬衫，一条泳裤，一串珍珠项链。他用鱼胶和羊粪涂抹自己，腋窝处沾染着血和蓝色颜料。但是临近出发之时，他有几分踟蹰，后迅速洗掉装饰，变得低调许多。特拉蒙塔纳风狂野地吹着，他带加拉横越了克雷乌斯海岬半岛，带她去看鹰岩。

女王加拉

后来，达利告诉"交际花"阿曼达·利尔（Amanda Lear）："我喜欢看到精心打扮、珠光宝气、像个女王的加拉。"在他们首次约会后不久，加拉离开了她的丈夫和小女儿，来和达利一起生活。她比达利大十岁，像专横的母亲一样管着他。在他们第一次约会时，加拉告诉达利："我的小男孩，我们再也不要离开对方了。"达利被当作幼儿对待，他忙于自己的事业，兜里却一分钱也没有，而加拉会处理所有的账单。达利显然很乐意合作，利尔回忆道："只要他收到支票，他就立即交给加拉，加拉会直接将支票放进她的手提包。"加拉控制着扩张的达利王国，推进他的艺术和写作，联系赞助人，组织作品销售和展览。达利经常在他的作品上签名——"加拉·萨尔瓦多·达利"。人们厌恶加拉的控制方式。艺术史家约翰·理查森（John Richardson）写道，大多数人"都会同意认识[加拉]就是憎恨她的开始"。如果加拉是组织者，那么达利就是统治者。达利描述道，有一次，他坐在车里，看着加拉在大雨里更换汽车轮胎。后来他和利尔谈论这次事件，他承认："本质上，我是个卑劣的人。"

加入超现实主义阵营

1929年夏天，达利决定加入超现实主义运动。为什么是在这个时候？他看到了一个机会，并抓住了它。他的计划是"尽快成为领导者"。布勒东也许认为达利的超凡魅力能使超现实主义团体受益，能为超现实主义艺术确立新的标准。他按照自己的风格来评价达利，盛赞达利画作中"引起幻觉"的效果，认为达利将观众送到了一个神秘的、理想的国度。他们之间的差别很快就显现出来，但是他们都对弗洛伊德式的理论感兴趣。1938年，达利在伦敦埃尔斯沃西街（Elsworthy Road）弗洛伊德的家中拜访了弗洛伊德。弗洛伊德患有口腔癌，说话极其困难，故而他说得很少。

《早春的日子》标志着一个转变，是达利第一次按照弗洛伊德的理论将无意识视觉化的严格尝试。在那时，达利用弗洛伊德的术语来定义超现实主义。达利认为弗洛伊德"揭示出人类的身体上充满了秘密抽屉"，他称赞无意识世界为未知的领域，在那里发生着"超现实"（sur-real）的事情。在达利后来的许多作品中，他将人体描绘成储藏柜或橱柜。在《人格化的橱柜》（这件雕塑作品以1936年的绘画作品为基础）中，他打开了无意识的秘密抽屉，就像他所说的，让"无所不在的自恋气息……飘荡"。那细长的静脉，那虫子似的头发，以及从抽屉里掉出来的肠道都是令人厌恶的。这件作品散发着一种自我厌恶，一种达利的内在世界对他人来说是狰狞丑恶、令人不快的的感觉。

达利的五斗橱

《早春的日子》之后，达利开始将无意识思想的困惑"系统化"。他建立起一部私人的恐惧与欲望视觉词典。为了理解他的世界，我们必须打开这些抽屉，对那些反复出现的符号进行解码。

蚂蚁

达利对蚂蚁的迷恋跟死亡有关。小时候，他的宠物躺在地上奄奄一息时，他发现蚂蚁爬满了它的全身。在另一个场合，他看过一群蚂蚁吞噬一只死去的蜥蜴。

蝗虫

达利害怕蝗虫。这种恐惧源自一次他握着一条恶心的、黏糊糊的鱼，惊恐地看到那条鱼长着一张和蝗虫一样的脸的经历。

贝壳和石头

达利喜欢石头和贝壳。儿时，他在卡达克斯的海滩上收集了许多小石头。

狮子的头

当达利还小的时候，他房间里挂着一幅画，画中一个女孩正在井边汲水，而水龙头的形象是一个凶猛的狮子头。达利被这个野兽至高无上的力量吸引了，他写道，"在对一个女人意外着迷之前，狮子转移了他的恐惧"。

手杖

达利有着蔚为壮观的手杖收藏。他甚至有一根曾属于温斯顿·丘吉尔的银杖。在达利的自大偏执的灵感语境中，手杖也许表达了他对失败的恐惧和对支撑的需要——需要某物来支撑其奇思妙想。

达利与家庭断绝关系

对于达利来说，1929年是漫长而艰难的一年。他搬去了巴黎，陷入了恋爱，加入了超现实主义团体。他行事古怪无常，甚至近乎歇斯底里——正如他和加拉的首次约会所表现出来的那样。达利的父亲对儿子的行为愤怒不已，尤其是对他和一个已婚女人的关系感到不满。之后，他又听闻达利在他的一幅画上题写："有时，我向我母亲的肖像吐口水，仅仅是为了取乐。"意料之中的是，他将这种行为视为对其亡妻的侮辱。

1929年12月6日，达利收到了他父亲的来信，信中表示拒绝支持他，并将他驱逐出卡达克斯。

当达利谈起他父亲的拒绝对他的心理影响时，他的阐述与弗洛伊德的理论有相通之处，但是他认为自己无需对自己的行为负任何责任。达利极端自恋，他相当享受在这种不幸事件中所获得的关注，并将它发展成另一出戏。作为对父亲的反击，他剪掉自己的头发，将其埋在卡达克斯的海滩上。然后他剃光头发，让布努埃尔为他拍摄了一张头顶着海胆的照片。

路易·布努埃尔

头顶海胆的达利，卡达克斯，1929

明胶银版照片

30厘米×19厘米

以色列博物馆，Samuel Gorovoy基金会赠送

在巴黎扮演国王和王后

巴黎式的生活方式对达利和加拉来说压力巨大。生活在有钱人和有魅力的人中间，他俩如教堂里的老鼠一样穷得叮当响。达利和加拉迫切地想找到归属感并给人留下深刻印象，他们扮演起各自的角色。就像国王和王后一样，他们宴请朋友们，而加拉则在席间奔走，尝试着卖出达利的画作和他新的"超现实"制品。达利提供了一些令人称奇的设计；尽管在当时加拉没有成功地将它们售出，但其中一些现在已经成了商业产品。

带有镜子的指甲，让你在旅行中欣赏自己……

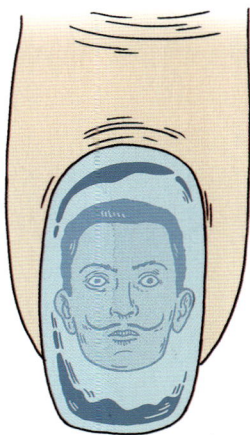

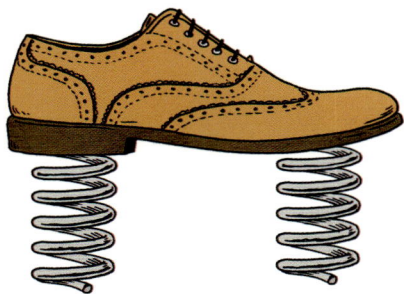

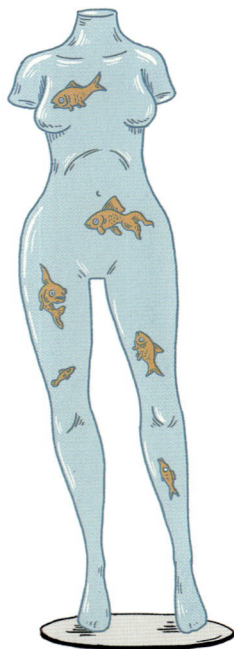

薄而透明的人体模型，盛满水，有游动的金鱼……

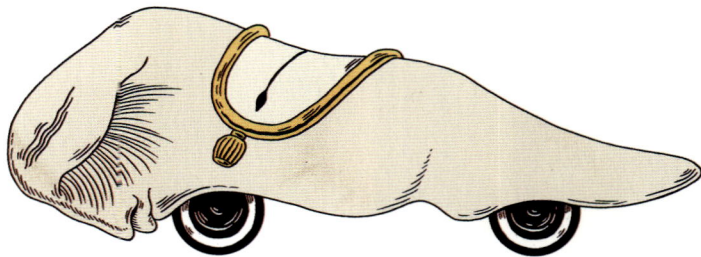

弹簧鞋……

空气动力车……

脱去礼服

1929年，加拉和达利在靠近卡达克斯的利加特港买下了一位渔夫的小屋。这成了他们逃离城市生活压力的宁静避难所。他们小小的居所没有电，也没有自来水。加拉和达利喜欢这里的幽静，喜欢这种慢节奏的生活。达利在早上作画，而加拉则划船去海上捕捉龙虾或鱼来做午饭。

《记忆的永恒》

　　达利画《记忆的永恒》时，加拉并不在场。当她从外面回来时，达利让她坐下并闭上眼睛。在一次戏剧化的倒计时后，她被允许睁开眼睛，达利此时才揭开了他的盖布。加拉的评论是这样的："人们只要看到它，就忘不了它。"融化的钟表看起来令人不安，但是这一标志性的图像有着一种质朴。它捕捉到了达利和加拉在利加特港之家的精神，如达利所说，在那里，时间变慢了或"融化了"，也反映出了达利在加拉身上找到的舒适，他解释道："加拉……成功地为我建造了一个保护壳……我在其中继续柔软地、更柔软地慢慢变老。那天我画这些钟表时，我将它们画成柔软的样子。"这一图像也与一些十分难闻的奶酪有关。在画这些钟表之前，达利吃了些十分松软的卡芒贝尔奶酪，那些融化的奶酪在融化的钟表中体现出来了。

　　柔软形式与坚硬形式之间的角逐是达利所着迷的。《秘密生活》开篇，达利目空一切地谈论对菠菜"绝对的不稳定特征"的恐惧，并将之与龙虾坚硬的"盔甲"做对比。这个诙谐的超现实主义者喜欢和人们的期待做游戏，创作公共艺术——主要是用不易变形的金属制成——用不可食用、松软的生面团。在晚宴上，他吃动物的骨头，使得宾客们感到恶心："咀嚼一只鸟的小小头骨是多么美妙啊！除此之外，还有别的吃动物脑子的办法吗？"他的融化的钟表不仅仅是一个噱头，还有一种哲学意义。多年来，时间被认为是一种可塑的对象：艾尔伯特·爱因斯坦和亨利·柏格森质疑了钟表时间的合法性，而达利谄媚的钟表有着伯格森式的绵延（durée）或"真实"时间的流动性。

疯狂和达利的偏执狂批判方法

　　达利对"超现实"现实的理解就像是一股持续聚集的力量。他首先将它定义为一种自然的东西，就像袒露的、有着质朴的美妙形式的巨岩，之后他又将弗洛伊德的无意识世界和他自己的理论联系起来。在他关于《记忆的永恒》的论述中，他描述了曾有的一次幻境。20世纪30年代达利发展了偏执狂批判方法的观念：他现在认为一个人必须处于一种疯狂状态，才能实现"非凡"。他把自己比作一个神志不清且打开了多重现实的疯子，评论道："我和疯子唯一的区别在于我没有疯。"布勒东看好达利的方法所具有的潜力，但是他也发现了达利对麻木不仁的疯狂的赞扬。

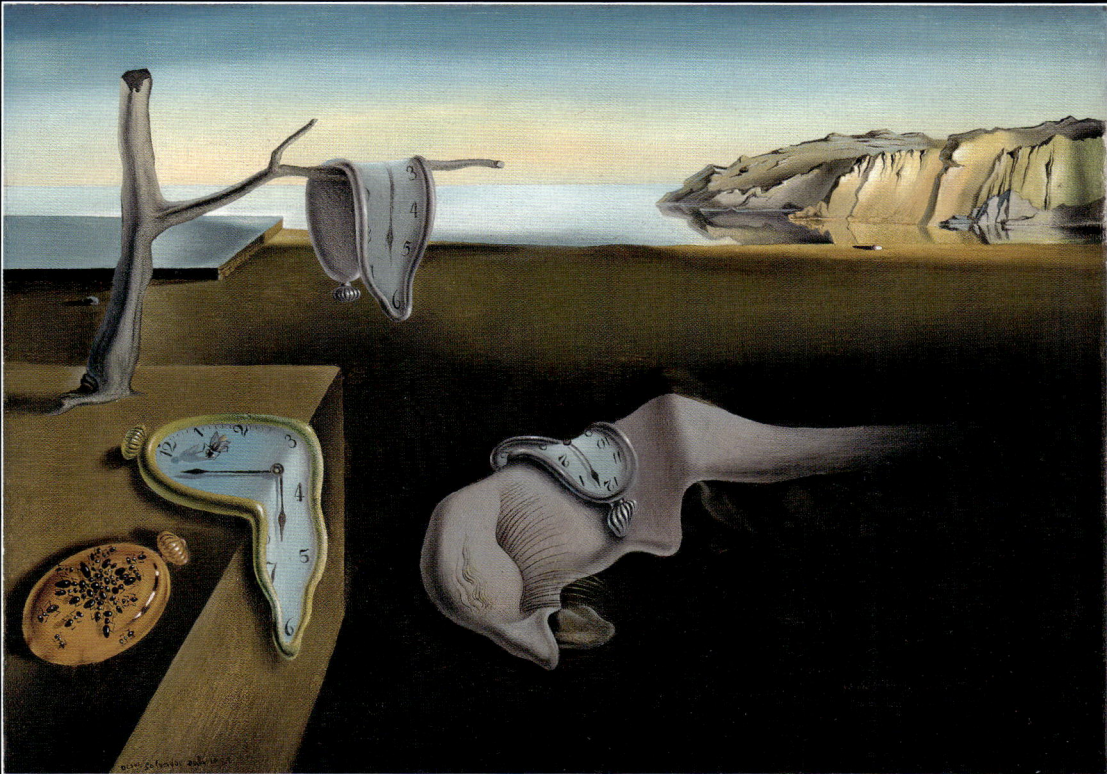

记忆的永恒

萨尔瓦多·达利, 1931

布面油画

24.1厘米×33厘米

一场审判变成了一场脱衣舞表演

布勒东越来越对达利的一些观点感到忧虑。达利有时非常残酷，而且他所倡导的一些价值观与希特勒的思想理念相近，令人不适。压倒布勒东的最后一根稻草是达利的画作《威廉·退尔之谜》（*The Enigma of William Tell*，约1933年）。在这件作品中，列宁——共产主义领导人，超现实主义者仰慕的英雄——被刻画成一个身体半裸、半跪在地上的可怜形象。

1934年2月，布勒东传唤达利进行了一次"审判"，来判定达利在超现实主义中的角色。达利嘲弄了整个"法律程序"。他身穿多件毛绒绒的工作服，嘴里含着一支温度计，他一出现就宣称自己生病了。每当对他提出一个问题，他就脱掉一件衣服，检查自己的体温。达利的行为激怒了一些人，又让另一些人发出阵阵大笑。当他扮演宫廷小丑时，他为自己的案子辩解，陈述一个著名的观点："我就是超现实主义。"达利的观点是，如果超现实主义优先考虑无意识思想，那么审查或禁止一些无意识思想就是自相矛盾的。最后，这个小皇帝设法使自己避开了麻烦；直到1939年，布勒东也没有正式将他逐出超现实主义团体。

美国之旅

到了1934年，达利变得焦躁不安：超现实主义审判是一件让人难堪的事，他一贫如洗，渴望成功和成名。在美国，人们对他的作品的兴趣日渐增长，因此，这个小皇帝踏上了美国的土地。这次旅行由一个秘密赞助人（后来人们才知道是毕加索）资助。这次旅行像一出持续发展的超现实主义戏剧。海上航行使达利心惊肉跳，在横渡大西洋的险途中，他把自己捆绑在双层床上，在手指上或用布条牢系着他的画。达利带着一条巨长的法式面包上岸，一大群记者迎接了他。他隆重地与民"共餐"，将长面包分发给他那些困惑不已的观众。

达利在纽约的城市风光中找到了一种超现实之美："它在我面前升起，铜绿色的，粉色的，乳白色的。它看起来像一块巨大的哥特式罗克福尔奶酪①。我爱罗克福尔。"在他的文章中，他十分欣赏美国，认为它是一个荒谬不羁之地，在这里"柏树从空荡荡的摩天大楼墙壁上长出来"。他还将超现实主义者的思维方式与好莱坞闹剧联系起来，和"非理性的先行者们——麦克·塞内特（Mack Sennett）、哈里·兰登（Harry Langdon），以及令人难忘的巴斯特·基顿（Buster Keaton）"联系起来。

在朱利恩·列维画廊（Julien Levy Gallery）展览的开幕之夜，达利逗乐并吸引了美国人。他的展览取得了巨大的成功，总共售出了十二幅画，售价比在欧洲要高得多。这次旅行变成了一场势如破竹的促销之旅，而达利抓住了每一次机会来提高自己的地位。他作了一系列高调的演讲；1935年1月11日，他在现代艺术博物馆发表了题为"超现实主义绘画与偏执狂意象"的演说。到旅行结束时，他已是一位纽约名人，而他喜爱成为名人的每一分钟。

①罗克福尔（Roquefort）奶酪是一种口味厚重的羊乳蓝莓干酪。

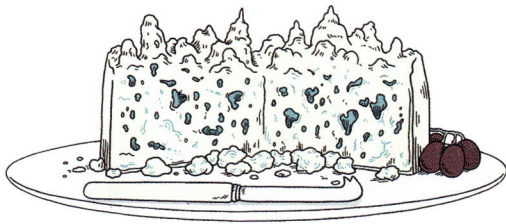

梦幻舞会，1935年1月18日

在达利和加拉离开纽约之前，赞助人、诗人和现代女士内衣发明者克瑞斯·克罗斯比（Caresse Crosby）为他们在Coq Rcuge餐厅举办了盛大的舞会。超现实主义风格溢出了画框——这场晚会就是一次生动的超现实主义体验。音乐在动物的尸体上弹奏，一个装满水的浴缸摇摇晃晃地悬挂在天花板上。舞会要求人们穿成他们曾在梦中梦到过的样子。大家的服饰都十分稀奇古怪。

侍者戴着王冠和其他一些从沃尔沃斯零售店（Woolworths）买来的饰品。

在舞会上，达利遇见了富有的英国诗人爱德华·詹姆斯（Edward James），爱德华成了达利在30年代的主要赞助人。

客人们买票入场，票价内含所有的食物和饮品。舞会的全部收益均归达利和加拉所有。

门厅侍者验票，并给每位客人一根香肠。

加拉的服装激起了愤慨。一些人认为她头发上的玩偶，暗示着不久前发生的查尔斯·林德伯格家孩子遭绑架一事。之后达利被迫作出公开道歉。
CROSBY'S
达利的服装为克罗斯比的胸罩生意代言。
一头死公牛的内侧，六台留声机播放着法国歌曲。
半裸的女人们展示着奇特的文身。

回头浪子抑或政治懦夫？

达利一回到西班牙，便去菲格雷斯拜访了他的父亲。自1929年起，他就再也没见过他的家人。据当时在场的达利的姨母说，那是一次感人的会面，结局也皆大欢喜。然而，由于担心内战即将爆发，达利没有在西班牙逗留太久。离开国土之前，他画了《煮熟的豆子和软体结构（内战的预兆）》，用达利的话说，这件作品将西班牙描绘成"一个巨大的人体，分裂成长着狰狞赘疣的手和腿，它们在一种自我窒息的谵妄中互柜撕扯"。达利关于西班牙内战的立场暧昧不清。最开始他支持革命者——因为战争爆发时，他的朋友和缪斯洛尔迦被法西斯分子杀死。然而，不久他就改变了立场转而支持法西斯政府，这激怒了朋友们，也激怒了艺术界。西班牙的形势是复杂的：朋友之间、家庭成员之间相互敌对。作为中产阶级的一员，达利的父亲是革命者攻击的目标，整个家庭都遭到了恶劣的对待。他的妹妹安娜·玛利亚被囚禁，并遭到共产主义者的折磨，而他父亲的家也被洗劫一空。

很明显，达利是怯懦的，他避免应对当时的情况。他和加拉逃离西班牙时，既带了民族主义者的旗帜，也带了共和主义者的旗帜，这样无论哪方的人走过来，他们都能举起合适的旗帜。第二次世界大战结束之前，达利和加拉从未回过西班牙。布勒东瞧不起他们懦弱的行为。达利为此忧虑。与此同时，他还在想别的事情。

煮熟的豆子和软体结构（内战的预兆）

萨尔瓦多·达利, 1936

布面油画

99.9厘米×100厘米

费城艺术博物馆

超现实物品

超现实主义者们正在开辟不同的表达方式。布勒东多年来一直在思考超现实物品的可能性。起初，他的想法来自一个梦——他记得一本奇妙的书，它有几页厚黑布页面，书脊上带有一个木制小矮人形状。那时，他写道："书发行时，我想要增加一些像这样的物品上去。"后来他慷慨地称达利为"超现实物品大师"。

达利总是想要逗乐他的观众，而他的超现实物品既有趣又具有挑衅性。通常，这些物品都带有性暗示；事实上，达利的计划是创造一些"可激活的物体，公然地表现色情，我的意思是用间接手段必定能获得一种特定的性欲情感"。扮演着喜爱恶作剧的人，他将一只橘红色龙虾紧压在电话上。《龙虾电话》指向了物体之间难以解释的关系。电话听筒和龙虾的组成部分是一致的——都有一个头，一个身体，一个尾部，当然了，达利喜欢我们对着龙虾的性器官说话。

英国艺术收藏家爱德华·詹姆斯为他奢华的家购置了一些龙虾电话。20世纪30年代达利打开了英国艺术市场。1936年夏天，他在伦敦国际超现实主义展览上震惊了观众：他来演讲时，身穿一套潜水服，身旁还带着几只俄国狼犬。多少有点戏剧性的是，他被不透气的头盔困住了，是年轻的诗人大卫·盖斯科因（David Gascoyne）救了他。达利出现时呼吸困难，他宣称："我只是想要展示我曾'深深地扎进'人的思想。"第二天，达利成了头版新闻人物。

改进双重视像

20世纪30到40年代之间，达利的创作发生了一次转折，正如艺术史家道恩·艾兹（Dawn Ades）所描述的："超现实主义绘画的有机抽象时期［和它参考的］'难以得到的残肢断体、难以实现的血腥渗透、松散的内脏破洞、岩石上的茸毛和灾难性的迁徙'结束了。"

专注于他的偏执狂批判方法，达利发表了他的论文《非理性的征服》（*The Conquest of the Irrational*，1935），也使得双重形象创造的技术日臻完善。《奴隶市场与消失的伏尔泰半身像》（1940）一画也许是他最具哲思的表达。两种完全不同的现实共存于这幅画中。我们在一个世界中看到半裸的加拉正望向人群，其中包括两个穿着17世纪服饰的女人。在另一个世界中，这两个穿戏服的女人和拱形大门组合形成了作家伏尔泰的半身像。这种双重镜头无疑是聪明的。但这几乎像是达利用偏执狂批判方法使自己退回到了一个角落。他想要无休止地创造双重形象吗？20世纪40年代，他在寻找新的题材。

达利也使自己多样化。在会见了著名室内装饰家让-米歇尔·弗兰克（Jean-Michel Frank）之后，他进军家具设计界，生产了镀金边的勒达椅（这种椅子最初出现在早期画作《玫瑰头女人》［*Woman with Head of Roses*］中）。这是一件活泼的作品，达利玩弄椅子的组件："椅子的'手臂'似弯曲有致的人的手臂，而椅子的三条腿在精致的高跟鞋里摇摇晃晃。"达利也壮着胆子进行珠宝设计。他最著名的珠宝设计作品也许是唇形胸针（Ruby Lips brooch）。考虑到"所有时代、所有国度的诗人都将双唇和牙齿比喻成珍珠"，他用真材实料的红宝石制作双唇，用一些小小的圆珍珠做成一副牙齿。这件作品真是奢侈的幽默。

商业界的语言附和着达利的偏执狂批判方法。一则好广告能使一件普通物品大为改观，让它看起来十分了不起。达利也在他设计的物件里嵌入了潜在的性意识——这当然是广告宣传用来谋利的拿手好戏。事实上，他愈发偏执地认为，做生意会夺走他原创的思考方式："……绝大多数商店橱窗里展示的东西……显然受到了超现实主义的影响，也……受到了我个人的影响。但是我的影响力的不变的戏剧性在于，一旦它被实施，它就从我的双手中逃离，我便不再对它产生欲望，甚至不能从中获益。'

邦维特·特勒百货商店

在美国，达利的名气持续增长。1939年，他受命装饰邦维特·特勒（Bonwit Teller）商店的橱窗。邦维特·特勒是一家百货商场，《时代》杂志称之为"因其拥有曼哈顿最奇特的橱窗陈列而享有盛誉"。当这家公司聘请这位超现实主义巨星时，曾许诺给予达利完全的艺术掌控权。后来却不是这么回事，而这位小皇帝大发雷霆，这成了头版新闻。

达利策划了一个十分陈旧的"日与夜"主题。但他极端的设计却极具挑衅性。一个肮脏得近乎腐烂的人体模型，涂着绿色指甲，长着蓬乱的红头发，站在一个装满水的浴缸旁边，而浴缸中还冒出来三只人体模特手臂。这些蜡制假人实在是诡异：它们的身体随着时间的推移已经发黄，它们的头发取自真实的尸体。动物标本散落在展示现场：浴缸里布满了一只黑色波斯羊羔的羊毛。一张噩梦般的床由四条野牛腿支撑着，野牛头的嘴里含着一只血淋淋的鸽子并俯视着一切。

商店上午9:30开门，人们抱怨不停。商店的经营者决定用店里穿着时尚礼服的模特来替换达利那些糟糕透顶的人体模型。达利怒不可遏："于是我冲向橱窗想要重新排列它，这样我那签在窗户上的名字才不会蒙羞。但我万万没想到，当我推动浴缸时，它会击破窗户，这事发生以后我还非常迷茫。"达利随即被捕，罪名是"醉鬼、专业流浪汉，以一种令人钦佩的乐观在群体内部呕吐和打斗"。达利辩解道，他是被"雇来做艺术品的"，他不愿看到自己的名字"与普通的橱窗装饰联系在一起"。法官路易斯·布罗斯基（Louis Brodsky）宽宏大量，他说："有脾气的艺术家享有一些特权似乎是可以接受的。"

这一事件对艺术家来说是一次完美的宣传，实际上对这家高档商店来说也是如此。达利成了超现实主义的代言人，作家亨利·米勒（Henry Miller）写道："超现实主义，随便你问谁，都意味着萨尔瓦多·达利。"当达利还处于邦维特·特勒闹剧当中时，他收到了承担同年在纽约举办的世博会娱乐区"维纳斯之梦"的场馆设计的邀请。

"维纳斯之梦"，1939—1940

DALI DREAM OF VENUS

正当欧洲"二战"形势岌岌可危之时，世博会在纽约开幕，满是对现代世界的理想主义畅想。在超现实主义展馆，达利揭开了"维纳斯之梦"的神秘面纱。他的偏执狂批判方法在那些变换着的幻景中展现出来：这座混凝土结构的城堡像是一头有血有肉的扭曲变形的野兽，柱子像是人腿，而头发、手臂和类似于植物的形状从四处伸展出来。游玩这个展馆的快乐简直就跟迪斯尼乐园相差无几。就像落入了小美人鱼的冒险之旅，你发现了一座巨大的、带有贝壳装饰的混凝土的沙堡，你在涂满灰泥的双腿之间游动，避开鱼头，进入城堡内部你将体验到水下的梦幻世界……

……你经过一个以鸟笼为身体的无头男，一个长着豹子头的时装模特，最终登上带有栩栩如生的美人鱼装饰的凯迪拉克轿车……

……你发现维纳斯睡在一张91厘米的床上，身上盖着红色丝绸床单……

……你看到几个"流动女郎"迅速从水中掠过——偶尔会有女郎弹奏人形钢琴，或从被制成木乃伊的奶牛身上挤奶……

美国

　　达利拒绝参与谈论社会政治问题，这使得其他超现实主义者颇为生气。欧洲处于动荡之中，内战摧残了西班牙，好战的独裁者掌控了德国和意大利。1939年，第二次世界大战即将爆发。达利呢？他只是继续逃亡。9月1日，希特勒的军队入侵波兰，达利急忙逃往法国西南部。

　　他任性地讲述道："我研究了我的冬季行动计划，计划试着兼顾纳粹入侵的可能性和享受美食的可能性……最后我终于伸出了我的手指……指向了法国烹饪令人兴奋的地点：波尔多。邪里会是德军最后到达的地方之一，如果他们抵达那里（似乎可能性极小），他们就会赢得战争……另外，波尔多理所当然就意味着波尔多葡萄酒、焖炖野兔肉、葡萄鸭肝、橘子鸭和阿卡雄的养殖牡蛎……阿卡雄海湾。我找到了理想的地点。"

　　超现实主义者们可能已经见识过达利的怯懦，但是达利跨过了底线，他在凶残的阿道夫·希特勒身上找到了艺术主题和新的戏剧冲突。他的画作《希特勒之谜》（*The Enigma of Hitler*）几乎是满怀同情地将元首描绘成某种神秘的存在。1940年，达利逃往美国，他一直住在他在美国的家直到"二战"结束。在那里，他无疑觉得舒服自在。在《美国之诗——宇宙运动员》（1943）一画中，他将美国景观和他深爱的西班牙场景融合在一起，皮乔特庄园的铁塔和卡达克斯海景均处于美国沙漠之中。赞颂着经典的美国产品，他将可口可乐瓶置于画面的前景中。这是一种先于波普艺术的激进姿态，也先于安迪·沃霍尔对美国顶级品牌的称赞：

　　　　美国的伟大之处在于开启了这样的传统，最富有的人和最贫穷的人买到的东西是一样的。你可以看电视，看见可口可乐，你知道总统喝可乐，伊丽莎白·泰勒喝可乐，想想看，你也可以喝可乐。可乐就是可乐，再多的钱也无法给你比乞丐在角落里喝的可乐更好的可乐。所有的可乐都是一样的，所有的可乐一样好。伊丽莎白·泰勒知道，总统知道，流浪汉知道，你也知道。

美国之诗——宇宙运动员

萨尔瓦多·达利, 1943

布面油画

116厘米×78.7厘米

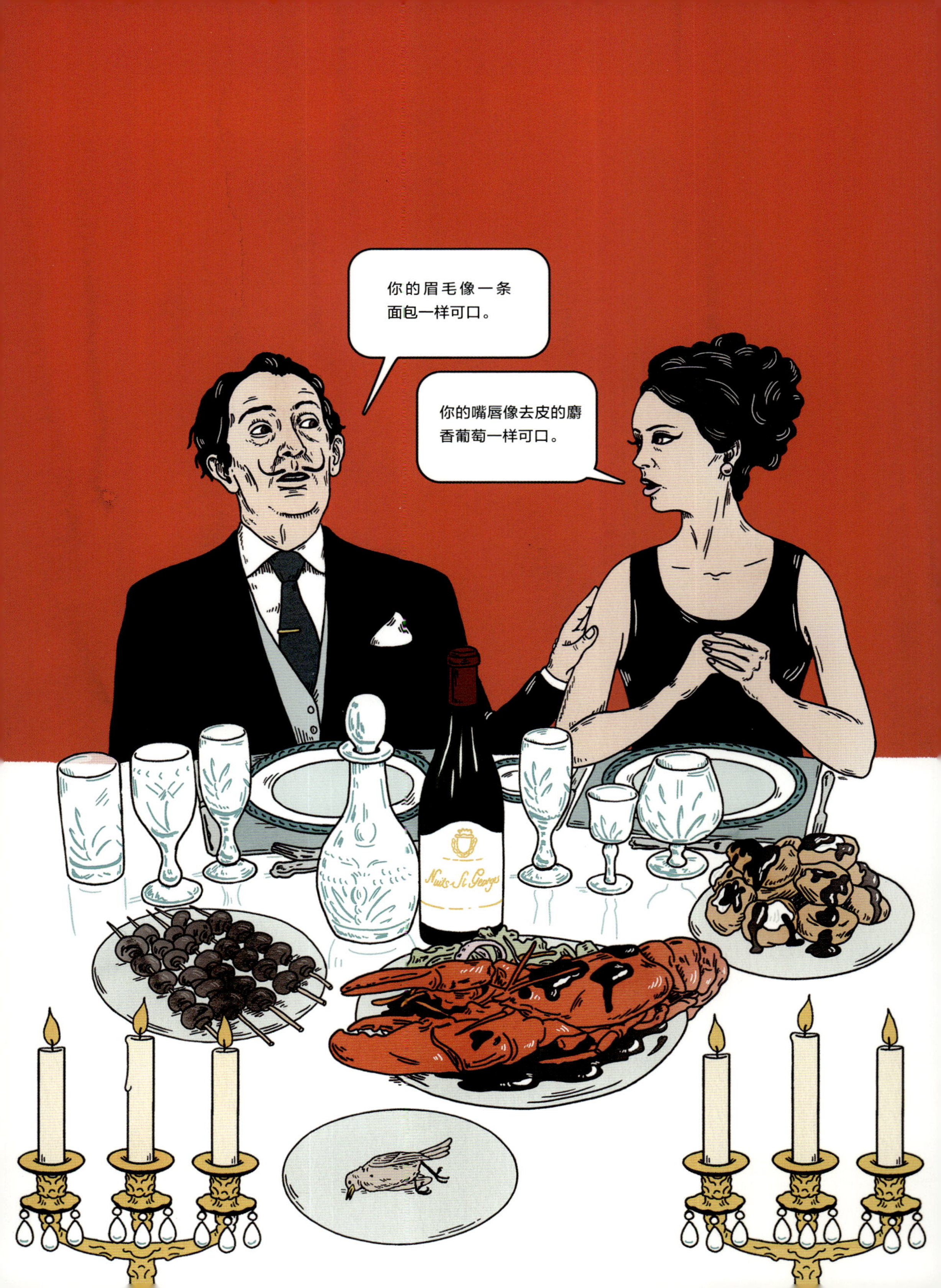
你的眉毛像一条面包一样可口。
你的嘴唇像去皮的麝香葡萄一样可口。

超现实生意

达利在美国成了一种商业现象。他和时尚设计师艾尔莎·夏帕瑞丽（Elsa Schiaparelli）一起经营生意，设计了一些极度夸张的服饰：墨水瓶帽、鞋形帽和印有五斗橱的裙子。他为《时尚》（Vogue）杂志设计封面，为西班牙珍宝珠（Chupa Chups）棒棒糖公司设计了标识。他想出一个绝妙的点子，将标识印在棒棒糖的顶部，这样它便能全部展现在人们眼前。达利的灵韵是一件有利可图的商品，他开始肆意地出售它，它出现在有助消化的药品和巧克力广告上。超现实主义者们厌恶达利对金钱的痴迷。布勒东巧妙地颠倒了达利名字的组成字母，叫他"贪大利"（Avida Dollars，与一个意为"贪图美元"的法语短语同音）。

超现实愉悦

在纽约，达利继续画画，但也花了很多时间在写作上。他出版了自传《秘密生活》（1942），这本书更多的是虚构而不是叙述事实，他还写了小说《那些隐藏的面孔》（Hidden Faces，1944）。后者富于超现实主义意象。其中一个场景的主角是格朗赛伯爵，他坐在餐桌旁，目不转睛地盯着宾客们映在他镀银餐具上的影像，让人想起达利那绝妙的有镜子的指甲。

达利认为过超现实主义的生活就是在提高超现实主义。荒诞之事渗入到他生活的方方面面——他的着装、饮食习惯甚至人际关系。达利一直很赞赏喜剧演员哈勃·马克斯（Harpo Marx）的滑稽剧幽默，他们在1937年左右成了朋友。达利遇到了与他旗鼓相当的对手。在一个圣诞节，达利送给哈勃一架有带刺铁丝的竖琴，而哈勃风趣地回应了达利：他送给达利一张照片，拍摄的是手指上缠着绷带的自己，正在弹奏竖琴。

用餐像是一个戏剧性的事件。达利有着奇怪的品味：他最喜欢的食物是龙虾和巧克力酱。他也爱吃小鸟，而且要连胆带毛全部吃掉。他的缪斯之一、伊莎贝尔·杜弗伦（Isabelle Dufresne，后来改名为乌尔特拉·维奥莱并加入了安迪·沃霍尔的工厂），讲述了一个和达利外出的离奇夜晚，这个夜晚由"沾唇触舌"（tongue touching）、一些荒谬可笑的谈话和一顿铺张浪费的晚饭组成。

现在的珍宝珠棒棒糖仍然可以看出达利的设计风格。

达利和好莱坞

好莱坞深深吸引着达利，他极度渴望去那里工作。1944年，阿尔弗雷德·希区柯克（Alfred Hitchcock）邀请达利为其最新的电影《爱德华大夫》（Spellbound）设计一段梦境场景的背景。这部影片在谋杀/悬疑类型片中借鉴了心理分析理论，聚焦于压抑的情感会触发神经官能症的观点。达利的名字是一份宝贵的财富，它必定意味着免费的新闻报道——希区柯克工作室留意到，在前一年，达利曾六次出现在《生活》（Life）杂志上。选择达利不仅仅是出于商业考虑。希区柯克喜欢这位艺术家干净利落的梦境。他讨厌"电影中所有的梦境都是模糊的"一类的陈词滥调，并认为达利能将梦境表达清楚。他们计划让梦中场景带有超写实（hyper-realistic）风格。正如一些他之前参与的合作一样，达利感到名誉受损，许多他努力制作的场景都被剪掉了。然而，最后的片段绝对是达利式的（Dalíesque）：若隐若现的阴影，下垂的视线，许许多多的眼球。在一个时刻，一把巨大的剪刀剪裁过一幅绘制的眼睛，这显然是参照了《一条安达鲁狗》中的恐怖场景。

返回西班牙

"二战"之后，达利回到了他的祖国西班牙。他给佛朗哥（Franco）发了一封电报，祝贺他用"摧毁性的力量"清理了西班牙。达利为什么要这样做？这仅仅是一次客观的投机吗？这是灾难性的一步。艺术界对此极其反感，利加特港的本地人也反对他。他被迫暂时离开了村庄。达利的缪斯卡洛斯·洛萨诺描述了当时的情景："利加特港四周的白灰墙上写满了死亡威胁，而达利在他最喜欢的餐馆（巴塞罗那的the Via Veneto）中的常座也被人炸毁。达利的第一个认定，是乔治·哈里森（George Harrison）化身为刺客，翻过花园围墙干了这件事。"

达利对形势的不敏感是持续的。当他搬进父亲的房子时，他命令加拉将他们的凯迪拉克轿车停在门外。村子里鲜有人有车，这样的行为是明目张胆地宣告优越感。也许这也是一种对他父亲的公然违忤，尽管如此，他的父亲还是欢迎他回家。萨尔瓦多·达利·库西对加拉也很友善，他喜欢乘坐她那黑色的凯迪拉克。1950年9月，他因前列腺癌去世。达利没有出席父亲的葬礼。据说，那天特拉蒙塔纳的风狂暴不已。

村民们就没那么宽容了。多年来他们忍受着佛朗哥的高压独裁，而达利却在纽约寻欢作乐。20世纪50年代，村民们发现达利与佛朗哥会面，他们恳求达利，让他向将军报告该地的极度贫困，但是这个马屁精却报告说他的家乡一切都很好。事实上，达利继续在新闻发布会上拥戴佛朗哥，甚至为他的女儿画了一幅画。

达利与名人文化

战后，达利和加拉的生活进入了常规模式：春天、夏天和秋天在利加特港度过，冬天则去巴黎和纽约度假。在纽约，仰慕者们来到达利在雷吉纳酒店（Hotel Regina）的套房与达利会面；在巴黎，他从下午5点到8点在莫瑞斯酒店（Hotel Meurice）主办他的"奇迹之殿"（Court of Miracles）宴会。达利已成为一种文化现象。已轰动世界的披头士乐队，想方设法寻找达利；乔治·哈里森翻进达利在利加特港家的院子，据说是想乞求得到达利的一根胡子。有许多关于出售他那著名的胡子的故事：有一则说法是，加拉扯下一根达利的胡子，要价300,000美元。富人和名人都想要得到达利的认证。达利呢？他也同样是追星族：他在工厂见到了安迪·沃霍尔，并在弗朗西斯·克里克（Francis Crick）和詹姆斯·沃森（James Watson）发现DNA结构之后不久就和他俩共进晚餐。麻烦在于达利要求别人的爱慕，他说："我是达——利；达——利。你必须给我带来礼物。我喜爱礼物。"但是伟大和美好并不总是用来形容他。弗洛伊德认为他是一个狂热之徒，克里克和沃森难以忍受他那过于热情洋溢的（兴许是愚蠢的）行为。

达利沉浸在名人世界里，但是在他的晚年，他更喜欢被崇拜他的粉丝们包围。这个小皇帝扮演了不称职的君主的角色，正如他的朋友卡洛斯·洛萨诺所说："他是一个天才，但是天才不能随时随地都是天才，要有奉承的人来充当背景点缀。"

**达利和安迪·沃霍尔
在洛朗餐厅**

纽约，1978

拍摄者：克里斯托弗·马科斯（Christopher Makos）

王后的城堡

达利和加拉举行了公开婚礼。加拉的口头禅是把她的生命活成一场"连续的爆炸"。1963年，当加拉69岁时，她邂逅了年轻的无家可归的瘾君子威廉·罗特兰（William Rotlein）。在尝试"拯救"他之后，加拉似乎也感到厌烦。渐渐地，加拉和达利分开住。1969年，达利为加拉买下普博尔堡（Púbol Castle）。那里成了加拉逃离在利加特港进行的忙碌社交生活的避难所，也是她和一连串情人的爱巢。达利只有在收到书面邀请时，才被允许去拜访。他永远带着礼物前往。1973年，加拉和杰夫·芬霍特（Jeff Fenholt）开始了一段新的恋爱关系，杰夫在音乐剧《耶稣基督万世巨星》（*Jesus Christ Superstar*）中扮演主角。被热恋冲昏头脑的（有人说是年老糊涂的）加拉，为杰夫买了一幢上百万美元的房子，大肆挥霍为他买礼物，满足他对金钱的一切要求。

达利的风流韵事更加隐秘。他和阿曼达·利尔有过一段长期恋爱关系，她是一位时髦的模特，后来成了波普明星，但她出生时的性别是受争议的。据利尔说，她和达利有着一段精神婚姻。好几年里，她都是利加特港的王妃。

达利和阿曼达·利尔
约1966

法国

内廷

据达利的传记作者记载，达利的内廷里有许许多多的骗子，但是达利并不介意。他迎合他们的欲望和幻想。由于懒，又缺乏与人结交必要的努力，他给大多数侍臣取了通用名。只有少数几个例外，这几个人和达利关系亲近，保留了自己的名字或者至少有专门的昵称。

> 我是一个君主主义者，一个使徒主义者，一个罗马天主教徒。你从国王阿方索十三世的领带针上认出了我？那很有可能。

"路易十四"，或名娜妮塔·卡拉什尼科夫（Nanita Kalaschnikoff），是达利最喜欢的侍臣之一。她既富有，又是一名漂亮的社交名媛。

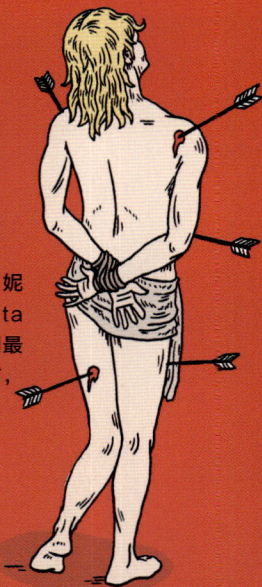

帅气的小伙子们都被叫做"圣塞巴斯蒂安"。

阿曼达·利尔是少数几个被达利直呼其名的人之一。据说阿曼达出生时为男性，但是她否认了这一点。她魅力十足，曾和大卫·鲍伊（David Bowie）和布莱恩·费瑞（Bryan Ferry）约会过。

达利还把东亚人称作"红卫兵"。

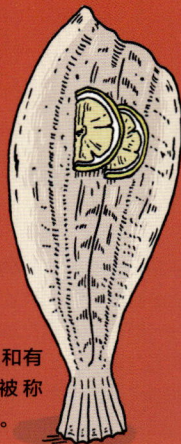

上流社会的人和有教养的人都被称为"鲽鱼片"。

达利坚持认为加拉是他生活中最重要的人，但是他们的关系是不寻常的。他们举办公开婚礼，但又会互相残酷相待。

自由的爱

宫廷生活是仪式化的。君主可以通过他佩戴的帝王领带针被识别出来，而"侍臣们……则根据他们的重要性而受到不同程度的蔑视"。他们的相处哲学（如果他们有哲学的话），基于一种松散随意的"自由之爱"。

金发女郎被称为"金雀花"，是以地中海沿岸生长的、春天开出黄色花朵的植物命名的。

杰夫·芬霍特

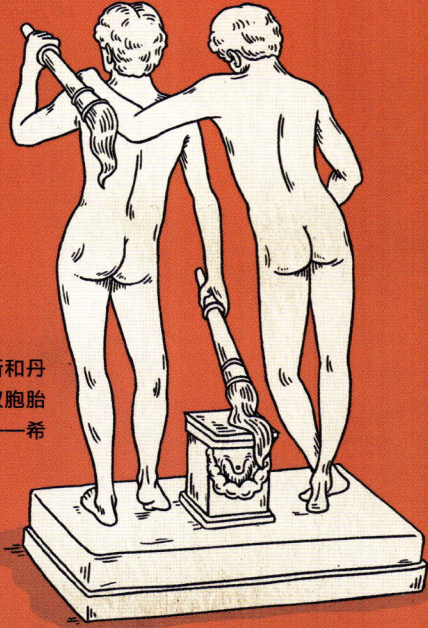

达利称约翰·迈尔斯和丹尼斯·迈尔斯这对双胞胎为"狄奥斯库里"——希腊神话里的两兄弟。

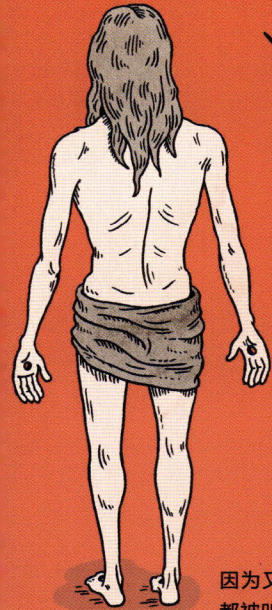

因为又瘦又白，时尚模特都被叫作"基督"。

被叫作"独角兽"的是那些有着硕大阴茎的男性。达利十分孩子气地有他专属的性术语密码：他称阴茎为"豪华轿车"，又因性行为的上下运动将之比作"缝纫机"。

冷酷无情的事业

达利总是极其容易受影响。晚年，他受到现代科学尤其是原子论的启发，用他的话来说："今天整个外界——即物理学的外界——已经超出了心理学的外界。现在我的父亲是海森堡博士（Dr Heisenberg）。"受到维尔纳·海森堡在原子论中的开创性的影响，达利在《爆炸的拉斐尔风格头像》一画中，将散逸物质散逸描绘成螺旋状的粒子。后来达利将这种螺旋式的形式称为"犀牛角"。一种"犀牛狂热"控制着达利：他画犀牛角，制作关于犀牛的电影，自称在每个地方都"看见"了犀牛角——他早期的绘画中有，卡达克斯的巨岩中也有。

这种宏大的原子论、古典主义和犀牛狂热的混合物，达利处理得不带感情，而且也不合时宜。通过将原子能量与古典秩序（以及拉斐尔）联结起来，达利将原子能画成一种安详又恶毒的力量，而"二战"已揭示出原子能的可怕力量。第一颗原子弹投向广岛时，70,000人瞬间丧生。达利这样记述这一天："1945年8月6日的原子弹爆炸极大地震惊了我，从那之后，原子就成了我最喜欢的精神食粮。那段时期我画的许多风景画，都传达了当时那场爆炸的消息给我造成的极大恐惧。"这就好像是小皇帝又一次嗅到了一个让人焦虑的主题的好处，并且尽情享用了它。其实，在广岛爆炸的前一年，作家乔治·奥威尔就已经观察到："〔达利〕就像跳蚤一样反社会。"

达利和一只犀牛角
出自哥伦比亚广播公司拍摄的《混乱与创造》演出（*Chaos and Creation* show），1956

照片拍摄：菲利普·哈尔斯曼（Philippe Halsman）

圣十字约翰的基督

萨尔瓦多·达利，约1951

布面油画

204.8厘米×115.9厘米

凯文格鲁艺术画廊博物馆，格拉斯哥

精神性

一种新的神秘主义渗透在达利晚期的绘画作品中。达利在战后返回欧洲时，重申了自己对天主教的信仰，并竭尽全力地安排与赐福于他的教皇会面。教皇的赐福对达利来说意味着什么还很难说。也许这个需要精神支持的小皇帝仅仅是为了寻求肯定？这也可能是因为宗教是另一个有力的主题。在他的写作中，他大言不惭地假定自己为上帝的角色："我，达利，将通过展示所有物质的精神性，用我的作品来证明宇宙的统一性。"

《圣十字约翰的基督》有着宏大宗教作品的尺寸。达利的创作目标是捕捉"基督的神秘之美"。他将十字架置于利加特港。画中的风景是从他那可以望见海湾的前门看出去的，加拉的黄色渔船停泊在画中前景。这是一幅宁静的基督受难图：十字架上没有钉子，没有流洒的血液。在《圣经》里，耶稣大声呼喊："我的上帝啊，您为什么遗弃我？"但是达利的基督并不是无依无靠的。圣父的在场通过奇特的视角暗示出来。基督是从高处被悬挂的，暗示着圣父从天堂注视着他的孩子。这种上帝和他儿子隐含的亲密关系也许反映了达利与他父亲的重归于好。

作为一件力作，这幅画是理念与兴趣的综合体。达利以前协调过超现实主义与硬边现实主义，现在他将宗教的客观性和科学的客观性融合在一起。他称他的新信仰为"核神秘主义"（Nuclear Mysticism）。这幅画中与核物理最明显的关联在于基督头部周围的阴影，它有意要暗示出"原子核"。构图严格地遵循数学比例，神的领域位于细节丰富的地面风景之上。基督的身体是经过细致分析的。好莱坞特技替身演员罗素·桑德斯（Russell Saunders）被雇来当基督的原型模特，而当时他刚经历了一次精疲力竭的拍摄。桑德斯被绑在门形架上，以便达利弄清肌肉在重力作用下怎样起变化。

多种理想典范的结合以一种极不寻常的基督受难场景结束。通常，受现实主义驱动的再现场景强调基督所遭受的物理疼痛。通过突出基督的美，除去十字架上的钉子，达利创造了可能会被误认为是一位高空跳水冠军的基督。神性悄悄滑向了媚俗（kitsch）。

达利和加拉会披上白色的斗篷，在月光下沿着小路散步。

后来设计的卧室，反映出达利日益严重的夸大妄想症：一只威严的鹰位于镶金的床沿顶部，床罩极其华丽。

克雷乌斯海岬位于西班牙大陆的最东端。达利放置了一面镜子来反射早晨的太阳，因而他可以成为全西班牙第一个体验晨曦的人。

达利沿着海岸线建造了一条小路，他称之为the vialacteal（"银河"）。他铺设石板墙，种植了野生薰衣草和金雀花。

暖黄色的沙发就像一缕地中海阳光。

遍及整栋房子的窗户框定着史诗般的风景，达利宣称："这里有一种地理学的宁静：它是全世界唯一的一个例子。"

达利在家，利加特港，1930—1982

达利和加拉将他们不太大的渔夫小屋改造成了一个富丽堂皇的住所。内部设计是朴素的。有一些超现实的愉悦的时刻：一只戴着项链、爪子里拿着饰以珠宝的手杖的北极熊在门口欢迎你，内部布局类似迷宫，裂开的地板，狭窄的、错综复杂的走廊和一个死胡同。然而，整个屋子弥漫的感觉却是平静祥和的。

房间内部是令人惬意的，带有白色和亮丽彩色的地毯。家具质朴而古典，适度地施以色彩——通常，内部都围绕一种主色调和开来。房子外部是战后扩建的，彰显着超凡脱俗的精神。在这里，稀奇古怪的表现癖混合着绝望，一个老年人力图给年轻人留下印象并使他们感到震惊。

阳台是在1948年加上去的。闪着银光的橄榄树长在童话般巨大的咖啡杯里。

1970年，达利设计了一个阴茎形状的游泳池，供他那些嬉皮士粉丝娱乐。据阿曼达·利尔说，那是一种"毫无意义的混乱场景"，一个超现实主义制品、媚俗物件、动物标本、海边珍宝和植物的堆积之地。

游泳池只有1.2米深，填塞着海胆和锯齿状的石头，它更像是一个岩礁池。

椭圆室是加拉的领地。这个简朴的、类似洞穴的空间用来娱乐。

达利的梅维斯唇形沙发

达利对该地区的尊重表现在对本地材料的使用上：陶砖排列在屋顶和阳台地板上，本地板岩用来铺设台阶，而室内的地板则铺满了由当地西班牙茅草编织的席子。

达利在北极熊标本上挂满物品。

世界上最大的超现实主义博物馆

达利最宏大的创造物要数位于菲格雷斯的剧院博物馆。那是最好的超现实主义娱乐设施。阿曼达·利尔说，达利想要"梦幻、混乱而全无浮夸"。这是达利迷恋的令人愉悦的穹形建筑物：从楼梯上的熊到如梦似幻的梅维斯唇形沙发室。这是艺术、古玩珍奇、生物异品、趣味读物和达利收藏的珍贵珠宝的混合物。

在梅维斯唇形沙发室，达利在一个生动的空间里实现了一种"双重现实"。艺术品和家具的布置，创造了梅维斯之脸的三维幻象：两张画是她的眼睛，布帘扮作她的头发，沙发是她的唇，壁炉是她的鼻子。沙发是这个房间的焦点。梅维斯之唇吸引了达利，也使得这位好莱坞明星的气质得到了实现。我们被邀请坐在唇上……如他一贯的特色，达利使得这种体验充满了"黄色笑话"的幽默感。

博物馆于1974年9月28日对外开放。开幕式上有马戏团的动物和鼓乐队表演，它看起来更像是游园会而不是一桩国际艺术事件。达利拿着一束甘松（他母亲种在阳台上的花）和利尔一起出现，而加拉则在人群中寻找她当时的情夫杰夫·芬霍特。这场有些糟糕的开幕式反映着达利声誉的下降。

经济丑闻

加拉/达利这对怪物已变得贪得无厌，而他们的经济状况业已到了荒唐的地步。为了避税，加拉满世界转移资金，明目张胆地带着满箱纸币通海关。他们在瑞士的银行里有存款，在住所周围藏有大量现金。20世纪60年代中期，达利开始在白纸上签名。最开始，这个主意来自出版商，他们想在加印时使用，但是签名单最后被非法出售，赝品充斥着市场。达利呢？他丝毫不对此感到烦恼："他们为这些作品付了钱给我。"1975年，美国国税局对达利的报税情况进行了调查。

超现实式的结局

加拉和杰夫·芬霍特的婚外情折磨着达利；他担心加拉会离开他。据说，加拉用处方药物控制着她那烦躁不安的丈夫，这些药物引发了一些与帕金森症类似的症状；手的颤抖使达利不能够再作画。这是不幸结局的开始。

1982年6月10日，加拉死于利加特港的家中。达利知道加拉想要长眠于普博尔堡中，但又担心西班牙当局会坚持让她葬在她的出生地，一场终极超现实主义戏剧上演了。她的尸体被绑在她挚爱的凯迪拉克轿车中。她直挺挺地坐在她的看护身旁，被秘密地转移回普博尔堡，在那里她穿着她最喜欢的迪奥红裙，戴着标志性的黑丝绒蝴蝶结，长眠于城堡地下小教堂里。达利订购了一束甘松放在加拉的棺材上；他不忍去参加她的葬礼。几个小时之后，他去到加拉的墓前，令人伤感地向其表妹吹嘘："看，我没有哭。"

没有了加拉，达利失去了生的意志。据他多年的友人和赞助人玛拉·阿尔巴雷托（Mara Albaretto）说："不管他们有多么不和，不管他们怎样争吵，他们对于彼此来说都是十分重要的。加拉是达利的支柱，是他的意志力。现在她走了。达利就像是被母亲抛弃的孩子。"达利把自己关在加拉的卧室，拒绝吃东西。一天夜里发生了火灾，达利被重度烧伤。他幸存下来并活了几年，但竟遇悲惨。1988年，他的健康状况进一步恶化，又念念不忘想要见西班牙国王胡安·卡洛斯（Juan Carlos）。这个小皇帝最后的狂想得到了实现，12月5日，国王在医院拜访了达利。数周过后，1989年1月23日，达利逝世。

达利对自己的后事做好了安排。他的身体经过防腐处理，胡须上蜡，身穿简单的浅褐色长袍，安葬在自己博物馆的圆屋顶正下方。埋葬地点的选择是一个持续犹疑不定的问题。起初，达利想要和他的王后合葬，但是在他生命的最后几周，他改变了计划。这似乎十分恰当，小皇帝和他的财宝一起安息在他自己的陵墓里。

王座上的达利
1974年9月27日，卡达克斯

照片拍摄：约翰·布莱森（John Bryson）

参考文献

Ades, Dawn. *Dalí*, Thames & Hudson, 1995.

Ades, Dawn & Simon Baker, eds. *Undercover Surrealism, Georges Bataille and DOCUMENTS*, MIT Press, 2006.

Gala-Salvador Dalí Foundation. *Salvador Dalí: An Illustrated Life*, Tate Publishing, 2007.

Bataille, Georges. *Erotism: Death and Sensuality*, City Lights Books, 1986.

Brassaï, George. *Conversations with Picasso*, University of Chicago Press, 2003.

Caws, Mary Ann. *Salvador Dalí*, Reaktion Books, 2008.

Dalí, Salvador. *The Secret Life of Salvador Dalí*, Alkin Books, 1993.

Dalí, Salvador. *Hidden Faces*, Peter Owen, 2007.

'Dali's display', *Time* magazine, Monday 27 March, 1939.

Elsohn, Ross. *Michael Salvador Dalí and the Surrealists: Their Lives and Ideas*, Chicago Review Press, 2003.

Etherington-Smith, Meredith. *The Persistence of Memory: A Biography of Dalí*, Random House, 1993.

Fanés, Fèlix. *Salvador Dalí: The Construction of the Image 1925–1930*, Yale University Press, 2007.

Finkelstein, Haim, ed. *The Collected Writings of Salvador Dalí*, Cambridge University Press, 1998.

Freud, Sigmund. *The Interpretation of Dreams*, Basic Books, 2010.

Gale, Matthew, ed. *Dalí and Film*, Tate Publishing, 2007.

Gibson, Ian. *The Shameful Life of Salvador Dalí*, Faber and Faber, 1998.

Hamalian, Linda. *The Cramoisy Queen: A Life of Caresse Crosby*, Southern Illinois University Press, 2009.

Krauss, Rosalind. *The Optical Unconscious*, MIT Press, 1996.

Lear, Amanda. *My Life with Dalí*, Virgin Books, 1985.

McGirk, Tim. *Wicked Lady: Salvador Dalí's Muse*, Headline, 1989.

Mundy, Jennifer & Dawn Ades, eds. *Desire Unbound.* Tate Publishing, 2001.

Raeburn, Michael, ed. *Salvador Dalí: The Early Years*, South Bank Centre, 1994.

Rojas, Carlos. *Salvador Dalí: Or the Art of Spitting on Your Mother's Portrait*, Pennsylvania State University Press, 1993.

Schaffner, Ingrid. *Salvador Dalí's Dream of Venus: The Surrealist Funhouse from the 1939 World's Fair*, Princeton Architectural Press, 2002.

Thurlow, Clifford. *Sex, Surrealism, Dalí and Me*, Razor Books, 2000.

致 谢

献给马修，爱你。

衷心感谢劳伦斯·金出版社策划了这个内容充实的项目，我对安格斯·海兰（Angus Hyland）有创意的决策极为感激。感谢乔·莱特福特（Jo Lightfoot）的持续支持，感谢梅丽莎·丹尼（Melissa Danny）周全的指导和细致的校订，感谢茱莉亚·卢森顿（Julia Ruxton）提供了如此出色的图片。感谢杰森·里贝罗（Jason Ribeiro）在设计上所做的一切，感谢梅兰妮·穆埃斯（Melanie Mues）创造性的贡献。特别感谢安德鲁·雷，他从一开始就支持这个项目。我也十分感谢莎拉·罗韦塔（Sara Roveta）在项目最初阶段给我的鼓励和支持，以及乔·马什（Jo Marsh）的慷慨建议。

感谢我的父母多年来对我的支持。感谢露露（Lulu）和山姆（Sam）带来的所有欢乐时光。

凯瑟琳·英格拉姆
2013

文字作者

凯瑟琳·英格拉姆（Catherine Ingram），一位自由职业的艺术史研究者。她在格拉斯哥大学取得一等荣誉学士学位，在考陶尔德艺术学院取得硕士学位，在牛津大学圣三一学院取得博士学位，之后获得了牛津大学莫德林学院的奖学金。凯瑟琳曾在佳士得教授过硕士课程，也曾在帝国理工学院给本科生开设艺术史课。她也在泰特美术馆开课，在南伦敦画廊担任私人助理。她和家人一起住在伦敦。

插画作者

安德鲁·雷（Andrew Rae），一名插画师，"西洋镜"（Peepshow）插画集社的成员。他曾在布莱顿大学学习，并为世界各地的顾客制作广告、印染、出版和动画作品。他目前居住、生活在伦敦。

中文译者

程文欢，南京大学艺术研究院艺术学理论专业研究生。主要研究兴趣为西方艺术史论、当代艺术和博物馆学。